CATARATA

Francisco Aldecoa Luzarraga
y César Morujo Marugán (eds.)

De la Europa deseada a la Europa compartida

JORNADAS EN LA UNIVERSIDAD DE VALLADOLID: 50 AÑOS DE ESPAÑA EN LIBERTAD

SERIE LA EUROPA A LA QUE VAMOS

ZURBANO, 76
28010 MADRID
TEL. 91 532 20 77
WWW.CATARATA.ORG

DE LA EUROPA DESEADA A LA EUROPA COMPARTIDA.
JORNADAS EN LA UNIVERSIDAD DE VALLADOLID:
50 AÑOS DE ESPAÑA EN LIBERTAD

ISBN: 978-84-1067-531-5
DEPÓSITO LEGAL: M-1.103-2026
THEMA: JPSN/1QFE

ÍNDICE

PRÓLOGO
50 AÑOS

MARIAN RUEDA CAYÓN*

50 años no son solo una medida del tiempo. Son, sobre todo, la distancia que separa el miedo de la palabra, el silencio de la participación, la imposición del derecho a decidir. Este ejemplar nace desde esa frontera simbólica y real: medio siglo de libertad en España, 50 años de democracia construida día a día, a veces con entusiasmo, otras con duda, pero siempre con la convicción de que el futuro debía ser mejor que el pasado.

Hablar de estos 50 años es hablar de una transformación profunda. España ha cambiado de forma radical en apenas dos generaciones. Donde antes hubo censura, hoy hay pluralidad; donde hubo exclusión, hoy hay derechos; donde la ciudadanía era súbdita, hoy es protagonista. La democracia no solo trajo urnas y elecciones: trajo libertades civiles, reconocimiento de la diversidad, avances en igualdad, en derechos laborales, en educación, en sanidad, en la consideración plena de las mujeres, de las personas LGBTIQ+, de los más desfavorecidos y de quienes durante demasiado tiempo quedaron al margen.

Pero, como toda gran construcción, la democracia española no es inmune a los vientos de cambio. Los retos actuales son distintos, pero no menos urgentes. En este momento de nuestra historia, nos enfrentamos a amenazas que ponen en peligro

* Subdelegada del Gobierno en Segovia.

lo que hemos conseguido: el resurgir de discursos autoritarios, la polarización política creciente, la crisis de confianza en las instituciones y la tentación de dar marcha atrás en los derechos fundamentales. En medio de este clima de incertidumbre, la pregunta es clara: ¿cómo proteger y hacer avanzar los logros alcanzados en estos 50 años?

La respuesta, aunque no sencilla, pasa por reconocer que la democracia es un bien frágil. La libertad y los derechos no se mantienen por sí mismos; necesitan de nuestra atención, compromiso y reflexión continua. Cada generación debe volver a revalidar su apuesta por los valores democráticos, especialmente cuando los desafíos se hacen más complejos y los recuerdos de tiempos oscuros tienden a desdibujarse en la memoria colectiva.

Este ejemplar no solo celebra lo conseguido, sino que invita a pensar en cómo preservarlo. El análisis de estos 50 años de democracia es también una reflexión sobre el futuro, una llamada a la acción para mantener la fortaleza de nuestra libertad y un recordatorio de que el progreso es siempre un camino que debe ser vigilado y defendido.

Los próximos 50 años dependen de nosotros. ¿Qué legado dejaremos? La respuesta está en nuestras manos. Este documento es solo un punto de partida para un diálogo necesario, profundo y constante sobre el rumbo de nuestra democracia.

Porque celebrar 50 años de democracia no es cerrar una etapa, sino asumir una responsabilidad: la de cuidar lo conseguido, ampliar los derechos, consolidar libertades, ensanchar las oportunidades y transmitir a las nuevas generaciones que la libertad no es un regalo, sino una tarea compartida. Solo así estos 50 años no serán un punto de llegada, sino un punto de partida.

Introducción

FRANCISCO ALDECOA LUZARRAGA*
Y CÉSAR MORUJO MARUGÁN**

Este libro recoge el título de la jornada celebrada el 27 de noviembre de 2025 dentro del programa de "España en Libertad. 50 años" en el campus María Zambrano de la Universidad de Valladolid (UVa) en Segovia. Esta es una iniciativa del Gobierno de España, coordinada por Carmina Gustrán Loscos, una comisionada especial, y la Secretaría de Estado de Memoria Democrática, liderada por Fernando Martínez López. Ambos están asesorados por un Comité científico compuesto por académicos de reconocido prestigio. Esta iniciativa reúne numerosas actividades relativas a la memoria democrática, celebrando los 50 años desde la muerte del dictador Francisco Franco.

En lo que respecta a la conferencia que se celebró en Segovia, esta tomó el título "De la Europa deseada a la Europa compartida", título cuya autoría corresponde a Álvaro Gil-Robles y Gil-Delgado, y que ha terminado por ser el título del presente libro. Este encuentro fue organizado por el Consejo Federal Español del Movimiento Europeo (CFEME) en colaboración con la Subdelegación de Gobierno en Segovia, siendo la subdelegada Marian Rueda. Así, fue moderada por el vicerrector de la UVA, Agustín García Matilla, y participaron como ponentes el

* Presidente del CFEME y catedrático emérito de Relaciones Internacionales.
** Estudiante de Sociología y Relaciones Internacionales y colaborador del CFEME.

expresidente del Parlamento Europeo Enrique Barón, la profesora titular de Derecho Internacional de la UVA Esther de Salamanca, el excomisario de Derechos Humanos del Consejo de Europa Álvaro Gil-Robles y Gil-Delgado y el presidente del CFEME y catedrático emérito de Relaciones Internacionales de la UCM Francisco Aldecoa.

También intervinieron en el evento, planteando sus comunicaciones, los becarios curriculares del CFEME Jennifer Brown Moreno, Guillermo Hergueta, Álvaro Márquez Peso, César Morujo Marugán, Samuel Rojo Baeza y Natalia Viejo Baeza. También participaron dos alumnas de la profesora Esther de Salamanca. Esto refleja el compromiso con la juventud y las próximas generaciones de europeístas, cuestión que se puso en gran valor.

El resultado del evento fue tan enriquecedor que, a petición de los asistentes y dado el éxito manifestado por los más de 150 asistentes en la sala, se decidió desde el CFEME la publicación del presente libro. El fin era que recogiese las ponencias y comunicaciones presentadas en términos de reflexiones sobre el avance de la España en democracia en vinculación con la Unión Europea, así como el futuro de la Unión.

De la Europa deseada a la Europa compartida recoge así un espíritu de conmemoración de los 50 años de España en libertad y los 40 años de la firma del Tratado de Adhesión de España a las Comunidades Europeas. Pero, más allá de una mera conmemoración, estas páginas proponen un ejercicio crítico y constructivo de análisis sobre el camino recorrido desde la muerte de Franco hasta la actualidad, poniendo el acento en los avances sociales, políticos y económicos que han acompañado al proceso de integración europea.

Esta obra recoge, en este sentido, trabajos y artículos de opinión sobre los avances de la España democrática en diversos ámbitos, enfatizando el papel que ha jugado la Unión Europea en este proceso. En efecto, el recorrido histórico atestigua que la simbiosis España-Unión Europea ha sido fundamental para el desarrollo democrático en nuestro país. Pero, más allá del pasado, recogiendo esa evolución de la Europa deseada a la compartida, se plantea también el presente y futuro de la Unión.

Y no solo la aportación de Europa a España, sino también la crucial aportación de España a la Unión Europea, que, si bien es menos conocida, resulta fundamental para entender el presente de la comunidad política europea. En este sentido, en los últimos 39 años España ha elevado a la Unión Europea cuestiones relativas a la ciudadanía europea, los fondos estructurales, la política interior y exterior, la cohesión territorial, la participación de las regiones y el paso de una comunidad de naturaleza económica a una de naturaleza política, aunque incompleta. También destaca el papel jugado en el proceso de rescate del proceso constitucional, estableciendo el Tratado de Lisboa en 2009, que, según José María Gil-Robles, es una constitución sin nombre.

Los distintos capítulos abordan una amplia diversidad de temas que van desde la expansión de los derechos LGBTIQ+ y la consolidación de una ciudadanía europea, hasta la modernización económica, el territorio europeo o el papel creciente de la inteligencia. El denominador común es mostrar cómo la simbiosis entre España y la Unión Europea ha sido un factor decisivo para el desarrollo, la apertura y la profundización democrática del país. Europa aparece así no solo como un marco institucional, sino como un espacio compartido de valores, derechos y aspiraciones colectivas.

Defendemos así la convicción de que el proyecto europeo sigue siendo, pese a los desafíos y amenazas presentes en la esfera internacional, de las experiencias políticas más ambiciosas de nuestro tiempo. En un contexto internacional caracterizado por la inestabilidad, el auge del populismo de extrema derecha —especialmente a la segunda presidencia del presidente estadounidense Donald Trump, que está complicando las relaciones transatlánticas y un clima creciente de euroescepticismo en España— y un clima creciente de euroescepticismo. Este libro apuesta por una mirada fundamentada y orientada a subrayar los logros, las transformaciones y las oportunidades que la Unión Europea nos ha brindado, y sigue brindándonos, para España y para el conjunto de su población y sociedad civil.

De la Europa deseada a la Europa compartida recoge así posturas opuestas al euroescepticismo que impregna hoy en día los medios de comunicación de masas. Frente a esas voces euroescépticas, este libro recoge visiones más acercadas a la realidad sobre el futuro de la Unión, un optimismo no basado en concepciones utópicas o descabelladas sino en avances plausibles y en línea con los valores y aspiraciones europeas, con esa Europa deseada.

Así, en 1975 España inició un largo camino para recuperar la libertad y la democracia. En 2025, 50 años después, es necesario recordar el inicio de este éxito colectivo, celebrando el país próspero, plural y democrático en el que nos hemos convertido. También se celebran los 40 años de la firma del Tratado de Adhesión a las Comunidades Europeas.

En este sentido, *De la Europa deseada a la Europa compartida* defiende una visión optimista, aunque no ingenua, del futuro de la Unión Europea. Reconoce los retos presentes, pero los sitúa en perspectiva histórica, recordando que los avances logrados desde la transición democrática hasta hoy son fruto de una voluntad política y social sostenida, en la que la pertenencia europea ha desempeñado un papel central. El libro invita, en definitiva, a pensar Europa no como un proyecto ajeno o impuesto, sino como una construcción común, compartida y perfectible, estrechamente ligada a la historia reciente y al futuro de la democracia española.

Queremos, por último, dar las gracias a las personas que han hecho posible este encuentro y este libro, especialmente a la subdelegada de Gobierno en Segovia, Marian Ruedas, que ha sido profesora de uno de nosotros. Asimismo, agradecemos las facilidades que nos brindó la Universidad de Valladolid, especialmente el vicerrector del campus de Segovia Agustín García Matilla, y el empeño de Álvaro Gil-Robles y Gil-Delgado, así como la participación en la conferencia de Esther de Salamanca y Enrique Barón. También queremos dar las gracias al grupo de becarios curriculares que han participado en la elaboración de este libro: Jennifer Brown Moreno, Cristina Cramer Vidorreta, Guillermo Hergueta Sálomon, César Morujo Marugán, Samuel Rojo Bárcena y Natalia Viejo Baeza. También queremos agradecer a Álvaro Márquez Peso que, pese a no haber podido participar en el libro, hizo su aportación diseñando la portada.

77 AÑOS DEL DESEO DEL MOVIMIENTO EUROPEO DE ALCANZAR LA EUROPA FEDERAL (PARÍS, 9 DE FEBRERO DE 1949)

FRANCISCO ALDECOA LUZARRAGA*

1. CONSIDERACIONES GENERALES

Pertenezco a una generación que nació, precisamente, en ese año, 1949, y que aspirábamos a ser parte del proceso de construcción europea. En la actualidad deseamos convertirla en una federación, que era ya el objetivo desde el inicio del Congreso de La Haya de un año antes. Ahora estamos más cerca, pero nos queda todavía dar pasos decisivos para conseguirlo. En nuestra juventud nos decían que había que saber decir "no", ahora que creo que hay que saber decir "sí" a los pasos necesarios para conseguir este objetivo y a los compromisos políticos que acarrean para alcanzarlo.

* Presidente del CFEME y catedrático emérito de Relaciones Internacionales.

Ahora, al finalizar 2025, el año de Trump, me parece más imprescindible todavía aprobar una estrategia clara por parte de la Unión Europea que nos conduzca a la Europa federal. En caso contrario, todo lo logrado hasta ahora se puede desvanecer en los próximos años. Hay que establecer en la actualidad los pasos cualitativos necesarios para conseguir la federación europea que venimos añorando desde hace casi 80 años.

2. LA EUROPA DESEADA

El Consejo Federal Español del Movimiento Europeo (CFEME) se constituye en París el 8 de febrero de 1949, en la sede del Partido Nacionalista Vasco (*rue* Marceau) en el exilio, unos meses después de celebrarse el Congreso de La Haya (junio de 1948). En sus estatutos fundacionales figuraba el objetivo de conseguir una Europa federal. El primer presidente fue Salvador de Madariaga. Cuando el Consejo Federal se traslada a España en 1978, después de aprobada la Constitución, el Movimiento Europeo recoge en sus Estatutos el mismo objetivo. En ese momento, el presidente será Fernando Álvarez de Miranda, que ya era presidente del Congreso de los Diputados. En junio de 1962 se celebra el llamado posteriormente Contubernio de Múnich, en el cual por primera vez la oposición del interior, liderada por la Asociación Española de Cooperación Europea, dirigida por Gil-Robles y Quiñones, se encontró con Salvador de Madariaga, que presidía el CFEME. Se dieron un abrazo, entre ellos y los 105 componentes del interior y un grupo también numeroso del exterior, con objeto de luchar conjuntamente por la democracia en España. En un principio, parecía que el problema era si república, que defendían de forma radical los del exterior, o monarquía, que defendían los del interior. Sin embargo, la solución fue importantísima, que es decir que de eso no se hablaba y que ese tema se resolvería cuando hubiera elecciones en España.

El CFEME hasta la transición tuvo un doble deseo: conseguir la democracia en España y que España ingresara en el proceso de construcción europea. Es decir, conseguir la democracia, elecciones libres, la libertad, el Estado de derecho, la igualdad entre hombres y mujeres, la solidaridad, la sociedad de bienestar y que Europa juegue un papel en el mundo. Es importante recordar que, tanto en la transición como en el ingreso de España en la UE, el Movimiento Europeo jugó un papel trascendental. Como hemos dicho, el presidente del CFEME era el presidente del Congreso de los Diputados, Fernando Álvarez de Miranda, y el presidente del Senado, Federico de Carvajal, fue de los que participó en Múnich y hombre clave socialista del Movimiento Europeo. En cuanto al ingreso en la UE, hay que recordar que tanto Fernando Morán como Manuel Marín y gran parte de los negociadores eran miembros del Movimiento Europeo. En el caso de Morán, estaba en la Comisión Ejecutiva del CFEME y yo le reemplacé a principios del siglo XXI cuando se sintió enfermo y dimitió.

Uno de los acontecimientos capitales de la historia contemporánea de Europa fue la celebración del Congreso de Europa en La Haya entre el 7 y el 11 de mayo de 1948, donde 800 delegados procedentes de todo el continente se pronuncian a favor de la creación de una asamblea europea sobre la base de la democracia y el respeto a los derechos humanos, y propician el nacimiento del Movimiento Europeo Internacional. Esta reunión supone asimismo un punto de arranque para la formación de entidades europeístas de ámbito nacional, que en el caso de España estarán marcadas por la experiencia del exilio de las fuerzas democráticas frente a la dictadura franquista. En 2023, el Movimiento Europeo español publicó por primera vez las actas en castellano de este importante Congreso[1].

1. Francisco Aldecoa y Eugenio Nasarre (ed.), *El Congreso de Europa (La Haya, 1948)*, Los Libros de la Catarata, Madrid (2023).

Los días 7 y 8 de febrero de 1949 se celebra en París, en la *avenue* Marceau número 11, donde tiene su sede el Gobierno Vasco en el exilio, un encuentro en el que están representadas diversas corrientes de la oposición antifranquista. Participan Carles Pi i Sunyer, Ramón Nogués, Josep Tarradellas, Joan Sauret y Julio Just (este solo el día 8), de Esquerra Republicana de Catalunya; Fernando Valera y Juan Arroquia de Unión Republicana; Salvador Quemades, de Izquierda Republicana; José Antonio Aguirre, José María Lasarte y Javier de Landaburu, del Partido Nacionalista Vasco; Trifón Gómez, del Partido Socialista Obrero Español, y Salvador de Madariaga.

El resultado de la reunión, que a su vez es el fruto de meses de negociaciones y correspondencia cruzada, especialmente entre Madariaga, Indalecio Prieto y los exiliados catalanes y vascos, es la creación del Consejo Federal Español del Movimiento Europeo (CFEME). Con él nace un instrumento de coordinación y cooperación de la oposición democrática en el exilio, llamado a jugar un papel clave en el entendimiento entre la oposición interior y exterior en la lucha antifranquista y en la transición democrática, con gran relevancia en el proceso de adhesión de España a las Comunidades Europeas.

En la actualidad, el CFEME sigue activo como una de las 33 asociaciones nacionales del Movimiento Europeo Internacional, actualmente presidido por Guy Verhofstadt, impulsa la participación de la sociedad civil en la política europea y promueve la creación de una federación europea. El CFEME está presente en casi todo el territorio nacional a través de 14 consejos territoriales, destacando el Consejo Vasco y el Consejo Catalán como los que históricamente han acompañado al CFEME desde sus inicios en su ya larga trayectoria[2].

---

2. Tomado del libro *75 años del Consejo Federal Español del Movimiento Europeo. París, febrero de 1949*

3. LAS RAÍCES DEL PROYECTO EUROPEO: EL CONGRESO DE EUROPA EN LA HAYA (1948)

El 76 aniversario del Congreso de Europa en La Haya es un momento oportuno para resaltar el valor que, desde todos los puntos de vista, tiene esta efeméride, especialmente, desde la perspectiva de la sociedad civil organizada europea. En él nace la Unión Europea que conocemos hoy, siendo una iniciativa promovida por asociaciones europeístas que, unos meses más tarde, ponen en marcha el Movimiento Europeo Internacional (MEI), primero, y el Consejo Federal Español del Movimiento Europeo (CFEME), después.

Quiero resaltar la importancia fundamental que tuvo la sociedad civil en su convocatoria y, por lo tanto, en el origen de la construcción europea. Justo después de la Segunda Guerra Mundial, se produce una eclosión de organizaciones de sociedad civil a través de diversos movimientos, que recogen el trabajo y las reflexiones que muchos de sus representantes habían desarrollado durante la guerra, bien como partisanos, como prisioneros en campos de concentración o como víctimas del impacto social de la guerra. Tres años después del final del conflicto, acuden a La Haya miembros de la sociedad civil procedentes de todos los confines del continente europeo, con objeto de establecer una entidad política supranacional en la que se pongan en común las soberanías nacionales para hacer que la guerra entre los europeos no solo sea impensable, sino estructuralmente imposible.

El grito unánime que les convocó fue el de "no tuvimos Europa y tuvimos la guerra". Entendían que la forma de evitar y rechazar una nueva guerra era hacer Europa, una Europa muy concreta, fundamentada en valores, sobre todo, el de la democracia. De esta forma, la necesidad de aplacar los nacionalismos exacerbados que habían llevado al conflicto y de lograr una paz duradera en el continente impulsó los movimientos federalistas de la sociedad civil, que lograron transformar en el Congreso de La Haya la idea utópica de Europa en posibilidad, en posibilidad real. Gracias a ese impulso, más tarde esa posibilidad se irá haciendo progresivamente realidad hasta llegar a la Unión Europea de la actualidad.

Es decir, durante el periodo de entreguerras se va a ir madurando un corpus político, que es el que se reúne en La Haya, nacido de la génesis y desarrollo de la idea europea, y consecuencia en gran parte del proceso histórico, que permitirá que cuando se confirme y se exprese la voluntad política, y las condiciones externas lo posibiliten, se ponga en marcha la Europa comunitaria. Esto se hará a través de la Declaración Schuman, del 9 de mayo de 1950, fuertemente inspirada por las reflexiones del Congreso de La Haya.

Estos rasgos básicos se irán convirtiendo en realidad de forma paulatina, con sus éxitos y fracasos, durante los casi setenta años siguientes, hasta llegar al momento actual, en el que siguen teniendo plena vigencia e incluso inspiran algunos de los proyectos de reforma federal hoy planteados. Al mismo tiempo, se irán incorporando nuevos Estados al proceso de construcción europea, sin perder la concepción inicial. En este modelo no va a estar cómodo el Reino Unido y es una de las explicaciones de su retirada completa de la UE, después del 1 de febrero de 2020.

Los elementos clave de ese corpus político, que darán origen al proyecto federal, tienen unos rasgos básicos, que son los siguientes: que hay un vínculo entre Europa y la paz ("si no hay Europa, tendremos la guerra"); que la organización política tendrá que ser la federación europea, de carácter supranacional; que esta tendrá que tener unas instituciones fuertes, que estén por encima de los Estados, compartiendo soberanía y ejerciéndola en común; que el eje franco-alemán deberá ser el origen del proyecto; que deberá desarrollar el proyecto por fases; que habrá que comenzar sobre una base económica y comercial; que en todo caso el límite de Europa será la democracia y el respeto de los derechos humanos, ya que para compartir soberanía esta debe ser expresión de la democracia y los derechos humanos; que posiblemente el Reino Unido y Rusia serán los polos exteriores; que tendrá que construirse entre países, aunque diversos, de cierta homogeneidad social, y que el modelo europeo deberá tener una sensibilidad social y una preocupación por las áreas geográficas subdesarrolladas.

En el otoño de 2024, nos encontramos en una nueva encrucijada en la que es necesario avanzar en el proceso constituyente europeo. Para acertar en los avances, hay que tener presentes los debates que se produjeron en el Congreso de La Haya, dónde se tienen en cuenta gran parte de los desafíos con los que nos encontramos hoy. Especialmente, ahora estamos en la situación de una guerra de agresión que, para hacerla frente, es necesario dar un paso más en la unificación, vertebración y federalización de Europa.

Ese paso adelante en el proceso de construcción europea debe darse a través de la Tercera Convención Europea, que es lo que ha reclamado el Parlamento Europeo en mayo y junio de 2022 y en noviembre de 2023. En ella, debe jugar un papel fundamental la sociedad civil organizada, como ocurrió en La Haya en 1948, a través de entidades como el Movimiento Europeo Internacional y sus secciones o la Unión de Federalistas, de las que formo parte.

Los debates impulsados en el Congreso de Europa en La Haya no se habrían dado si en vez de ser convocada por la sociedad civil, hubiesen intervenido ciudadanos elegidos por sorteo, un método que está de moda actualmente y que tiene muchas carencias. Por ello, después de mi experiencia en la Conferencia sobre el Futuro de Europa, en la que participé como representante de la sociedad civil española designado por el Gobierno de España por mi condición de presidente del CFEME, donde he presenciado en gran medida la tiranía del azar, aprovecho estas líneas para reivindicar la relevancia de la sociedad civil organizada. Es la que ha puesto en marcha el proceso de construcción europea y la que tiene que tener un papel central en su avance en clave federal, que es lo que Europa necesita.

4. EL MOVIMIENTO EUROPEO

La creación y desarrollo del Movimiento Europeo Internacional ilustran la importancia que ha tenido la sociedad civil en todo el proceso, por lo que no se la puede dejar fuera a estas alturas El MEI se creó el 25 de octubre de 1948, a raíz del Congreso de La Haya, siendo una de las más importantes organizaciones de sociedad civil que surgen en aquel momento. Su primer presidente fue Duncan Sandys (1948-1950), yerno de Winston Churchill, que pronto fue sustituido por personajes más federalistas como Henri Spaak (1950-1955), Robert Schuman (1955-1961) o Walter Hallstein (1968-1974). Posteriormente, también lo fueron otros importantes personajes como Enrique Barón Crespo (1987-1989), Valéry Giscard d'Estaing (1989-1997), Mario Soares (1997-1999) y José María Gil-Robles (1999-2005). Entre los secretarios generales hay que resaltar al belga Robert van Schendel (1955-1980), uno de los artífices del Contubernio de Múnich de 1962 y defensor de la democracia en España durante el franquismo.

De estos nombres se desprende el vínculo profundo que existe entre el Movimiento Europeo en representación de la sociedad civil y las figuras clave de la construcción europea, ya que, en muchos casos, son los mismos personajes. De tal forma que, al menos al principio, hasta el final del siglo XX, la vinculación entre el MEI y los avances en la construcción europea fue completa. Por ejemplo, Giscard d'Estaing, que presidió la Convención Europea de 2002 a 2003, había sido presidente del MEI cinco años antes, después de haber presidido la República Francesa.

El MEI es el representante de la sociedad civil organizada y, sobre todo, del impulso dado a la construcción europea en distintas etapas del proceso, con objeto de profundizar el proyecto europeo en la lógica federal. Es una organización internacional abierta a todas las tendencias políticas, económicas, sociales y culturales de la sociedad civil. Su objetivo principal es el de promover y contribuir al establecimiento de una Europa unida y federal basada en el respeto a los derechos humanos, la paz, la democracia, la libertad y la participación ciudadana.

A principios de este siglo, el MEI jugó un papel clave en la Convención Europea (2002-2004), cuando se elaboró el proyecto de Tratado de Constitución Europea. Actualmente, sigue vivo con el objetivo de la profundización de la Unión Europea en clave federal. Cuenta con 39 secciones en diferentes Estados de Europa, y no solo los pertenecientes a la UE. Además, agrupa a los principales partidos políticos y otras treinta y cinco asociaciones civiles europeas, incluyendo la Unión Europea de Federalistas (UEF), quién mantuvo su autonomía en el seno del MEI.

De entre las primeras secciones nacionales del MEI que se constituyeron está el Consejo Federal Español del Movimiento Europeo (CFEME), que nace en el exilio, en condiciones dificilísimas y materializa el encuentro entre la oposición democrática del interior y del exilio. Este encuentro, que se produjo en Múnich en 1962, es el conocido como Contubernio de Múnich, expresión atribuida al propio general Franco. También jugó un papel fundamental en la transición democrática y en el acercamiento de España al proyecto europeo, que concluyó con la entrada en la Comunidad Europea en 1986. Tanto la creación del MEI como la del CFEME fueron consecuencia del Congreso de La Haya, donde hubo una importante participación de españoles en el exilio —tanto en cuanto a su calidad como, aunque en menor medida, en cuanto a su número— entre los, aproximadamente, 800 representantes, que fueron los que impulsarían el nacimiento del CFEME unos meses después.

Siguiendo la senda de esta trayectoria, el desafío que nos encontramos en la actualidad es conseguir llevar al debate público entre las instituciones, la sociedad civil organizada y los ciudadanos la necesidad de seguir desarrollando el proyecto europeo. Por ello, entiendo que el desafío que tiene en la actualidad el CFEME es estar a la altura de las circunstancias aprovechando el legado histórico y político de la brillante trayectoria de los más de 70 años de historia del mismo, aportando iniciativas que recojan nuestras aportaciones y dar un impulso más en la necesaria lógica federal al proyecto europeo, siendo el reto de hoy la reforma de los Tratados a través de la convocatoria de una Tercera Convención Europea.

5. LA EUROPA COMPARTIDA

En 1984, a mi juicio, comienza la Europa compartida. Tenía yo 35 años y el anhelo de avanzar hacia la unión política. A través del CFEME estuve presente en el Parlamento Europeo, en la aprobación el 14 de febrero de 1984 del Proyecto de Tratado de la Unión Europea, el llamado Proyecto Spinelli. Aunque no se aprobó, fue el germen de lo que sería el TUE aprobado siete años después, en 1991, como Tratado de Maastricht. Este cambio fue posible por la transformación del mundo, el fin de la Guerra Fría en 1989, que se simboliza con la Caída del Muro de Berlín. En 1984 los Estados miembros entendían que era imposible referirse a la ciudadanía, a la política exterior, a la unión económica y monetaria, a la moneda única, el marcado interior...

Sin embargo, siete años después, como consecuencia de estos cambios en la sociedad internacional, se entendía que era una auténtica necesidad. Eso se contempla en el Tratado de Maastricht, en el que se produce el cambio de una Comunidad de naturaleza económica por una Unión de naturaleza política, aunque incompleta. No obstante, este paso es parte de la Europa deseada.

En 1985, hace ahora 40 años, se firma el Tratado de Adhesión de Portugal y España a las Comunidades Económicas Europeas, y entramos el 1 de enero de 1986. Tuve la oportunidad de compartir la experiencia de formar parte de la construcción europea como asistente parlamentario de Carlos Bru, en el primer grupo de españoles que participaron en el Parlamento Europeo. Allí compartí el anhelo de pertenecer a Europa, en forma de Comunidad Europea. Si bien, durante esa legislatura seguimos proponiendo fórmulas para conseguir la Unión Europea como paso previo a la federación.

En 1999 se crea el euro como moneda internacional y en el 2001 se da un paso más convirtiéndolo en moneda única de uso legal, desapareciendo las monedas nacionales, siguiendo las previsiones del Tratado de Maastricht. En ese mismo año se aprueba la Declaración de Laeken y se pone en marcha la Convención Europea 2002-2003, presidida por Giscard D'Estaing, que en un principio no creía en Europa y menos en la Constitución, pero la propia Convención le hizo cambiar de opinión. Eso implica que en 2004 se aprueba la Constitución y se somete a referéndum en cuatro países (Luxemburgo, España, Francia y Países Bajos). La suma de los síes es mayor que la de los noes, sin embargo, el no francés, esencialmente, va a exigir la retirada del mismo.

En 2007 se aprueba el Tratado de Lisboa, que, según algunos autores como José María Gil-Robles, es una constitución sin nombre, ya que recoge los aspectos de contenido equivalente a una constitución, pero en forma de Tratado. Este cambio se realiza para evitar las dudas en alguno de los Estados que eran contrarios al proyecto de Tratado de Constitución Europea. Así, en 2009 entra en vigor el Tratado de Lisboa, que efectivamente rescata los elementos constitucionales, y nace la reforma de las instituciones, apareciendo la Política Común de Seguridad y Defensa, donde especialmente destacan los artículos 42.6 para la Cooperación Estructurada Permanente y el 42.7 para la alianza defensiva del TUE, y el 222 del TFUE.

Al mismo tiempo, se reformaron las instituciones. Especialmente, se estableció el presidente del Consejo Estable, que ha tenido mucha implicación política y, sobre todo, se creó el alto representante para la Política Exterior y de Seguridad y Vicepresidente de la Comisión, que hasta hoy ha habido cuatro (Ashton, Mogherini, Borrell y Kallas). Asimismo, se amplían las funciones de la Comisión, se desarrollan las competencias del Parlamento y se establece el procedimiento de colegislación, entre otros avances.

6. LO QUE SEGUIMOS DESEANDO: LA EUROPA FEDERAL

Falta la Europa federal, que consiste en nuevo proceso de toma de decisiones que sea por mayoría cualificada, el reconocimiento de la ciudadanía europea completa, la sociedad del bienestar completa, la autonomía estratégica completa, la necesidad de la ampliación, el desarrollo de la Comunidad Política Europea a 46, el desarrollo de una defensa común con capacidad de disuasión, un espacio universitario ampliable a América Latina...

El análisis de estos nueve meses desde que Trump gana las elecciones, nos lleva a considerar que, efectivamente, ahora como consecuencia del abandono de Estados Unidos a Ucrania el 4 de marzo, surge la necesidad que la Unión Europea sustituye a Estados Unidos en Ucrania. El debilitamiento de hecho de la Alianza Atlántica hace que la UE se está preparando para reforzar la PCSD. Pero, incluso, hay quien plantea la puesta en marcha de un ejército europeo que habrá que preparar en los próximos cinco años. Por eso se avanza en el incremento notable de los presupuestos de defensa en la Unión y en los Estados miembros.

En este mismo sentido, se ha pronunciado Habermas, en un artículo que publica *El País* el 30 de marzo de 2025, cuando asegura: "Las razones políticas que he mencionado para justificar el fortalecimiento de una fuerza militar disuasoria común de la Unión Europea solo las puedo defender bajo la reserva de que se dé un paso adelante en la integración europea". Esta es la idea que mantenemos nosotros y que viene manteniendo el Movimiento Europeo Internacional cuando estamos solicitando una Convención Europea como ya se hizo en el Parlamento Europeo en 2022 y en 2023, para la reforma federal de los Tratados.

Sin embargo, ese momento aún no ha llegado, y los avances que se han dado *de facto* como respuesta a las crisis mencionadas anteriormente siguen fuera del marco jurídico de los Tratados. A mi juicio, las razones que exigen hoy una revisión de los Tratados son, al menos, seis: lograr una mayor eficacia en la toma de decisiones, mejorar la democracia, reforzar el papel de la UE como potencia mundial, hacer frente a la necesidad de reforzar la defensa europea, e incluso de formar un ejército europeo, como se ha explicado anteriormente, preparar las nuevas ampliaciones y ampliar otras competencias, como puede ser la política sanitaria o la educación, entre otras.

Para lograr una mayor eficacia y actuar con la rapidez que exige el mundo de hoy, es necesario acabar con la unanimidad en la toma de decisiones del Consejo, que todavía afecta a numerosos ámbitos políticos. La unanimidad permite a cada Estado miembro vetar las decisiones, por lo que obliga a largas negociaciones, lo que dificulta la capacidad de acción de la UE. Además, el veto puede utilizarse como un "caballo de Troya" de un tercer Estado en el Consejo, al poder persuadir a un Estado miembro para que vete una decisión, haciéndolo incompatible con el principio de autonomía estratégica.

Por otro lado, resulta fundamental asegurar en los Tratados un mayor equilibrio democrático entre los Estados (las decisiones de naturaleza intergubernamental) y las instituciones comunes que emanan del pueblo (la Comisión y, especialmente, el Parlamento Europeo). Por ejemplo, toda acción política debería someterse al control del Parlamento Europeo. De igual manera, es necesario reforzar la capacidad de la UE para ejercer como actor internacional.

La respuesta a la pandemia de COVID-19 y a la agresión rusa a Ucrania, han logrado avances para la consolidación de la Unión como una potencia mundial que han de reflejarse en los Tratados, dotándolos de marco jurídico y reforzando, por ejemplo, el ámbito de la seguridad y defensa. La situación actual es todavía más complicada y la necesidad de profundización federal es todavía más necesaria que nunca, en 2025, para dar respuesta a la ofensiva de Trump contra el derecho internacional, el multilateralismo y contra Europa y sus valores.

La reforma de los Tratados en clave federal, es decir, para profundizar la integración europea es más urgente que nunca, hoy con motivo de la necesidad de una defensa propia y autónoma y, sobre todo en un momento de ruptura con los Estados Unidos y que hay que hacer frente a la crisis de Ucrania. Al mismo tiempo, también por el nuevo impulso que se le ha dado a la política de ampliación, por un lado, acelerando las negociaciones con los Balcanes Occidentales y, por otro, concediendo el estatus de candidato a países del vecindario oriental como Ucrania, Moldavia o Georgia (y en su caso, Armenia). Cuantos más Estados miembros haya, más insostenible será la toma de decisiones por unanimidad. Por ello es por lo que ha de realizarse la reforma cuanto antes.

En mi opinión, la única forma de revisión de los Tratados será a través del método de la Convención Europea, que me parece más adecuado por su carácter democrático y participativo. Como he mencionado antes, el Parlamento Europeo ya ha solicitado hasta en dos ocasiones la convocatoria de la Tercera Convención Europea para la reforma de los Tratados. Quizá se podrá plantear alguna fórmula nueva porque la UE busca siempre soluciones ante una necesidad concreta, especialmente en un momento tan complejo y tan necesitado de reforzar el proyecto político europeo.

Un posible mecanismo sería repetir el método del Congreso de La Haya de hace 77 años. Hemos visto que la CoFoE no ha funcionado, ya que la mitad de los miembros eran ciudadanos elegidos por sorteo y eran los que mantenían el liderazgo. No se nos ocurriría hacer un edificio y elegir a los arquitectos por sorteo. Podría ser importante establecer una reunión de actores relevantes como se hizo en La Haya en 1948 y creo que se está preparando en algún otro esquema multilateral. En la CoFoE Había más de la mitad de los miembros que eran elegidos al azar, por sorteo. En todo caso, hay que aprovechar el clima que está provocando Trump para posibilitar la reforma, ya que es urgente ahora para poder tener una fuerza armada común en que se pueda aplicar eficazmente el artículo 42.7 con una capacidad de organización y de disuasión defensiva importante.

En ese caso, habrá que modificar el precepto para que la respuesta no sea solo de los Estados miembros de la Unión, sino también de la fuerza operativa común de la que disponga la Unión. También como hemos visto, habrá que tener un Gobierno europeo, es decir, reforzar el sistema político en clave más federal y una política exterior reforzada para hacer frente a las amenazas y dando lugar a una Política Exterior Común más efectiva, que haga posible que la Unión Europea, al reforzar su carácter de potencia normativa, pueda tener plena eficacia en sus decisiones. En esta misma dirección, la alta representante se tendrá que convertir en una auténtica ministra de Asuntos Exteriores, con más capacidades de las que ya tiene, que son bastantes, pero mejorando la toma de decisiones, desapareciendo la unanimidad.

7. 'HA LLEGADO EL MOMENTO DE LA DECLARACIÓN DE INDEPENDENCIA DE LA UNIÓN EUROPEA'

En el último año, con la presidencia Trump ha cambiado completamente las prioridades de la Unión Europea, dado que va en contra del multilateralismo, está cuestionando la relación transatlántica, hay un antagonismo en la política comercial y se está apartando de los valores occidentales y europeos. Esta situación se ha complicado de forma importante, como consecuencia de la nueva Estrategia Nacional de Seguridad de Estados Unidos adoptada el 6 de diciembre. En ese sentido, desde la Unión Europea ha habido distintas declaraciones, tanto del presidente del Consejo, António Costa, la presidenta de la Comisión, Ursula von der Leyen, y otros.

Un grupo de personalidades, entre los que se encuentran varios ex primeros ministros como Enrico Letta, Guy Verhofstadt, Petre Roman y presidentes del Parlamento Europeo como Klaus Hansch, Enrique Barón, Josep Borrell, entre otros —yo participo como presidente del Consejo Federal Español del Movimiento Europeo—, hemos publicado en distintos periódicos, como en *El País* el 11 de diciembre, un documento titulado "Ha llegado el momento de la Declaración de Independencia de la Unión Europea".

En dicha declaración defendemos que la Unión Europea se enfrente a desafíos sin precedentes en un momento en el que el orden multilateral basado en la ONU está bajo asedio. Entendemos que "la Estrategia de Seguridad Nacional de Estados Unidos, en la que se llama a un retorno a una Europa de naciones y se anuncia, en consecuencia, una alianza de Trump con las fuerzas políticas nacionalpopulistas del continente". Es decir, el grupo de los Patriotas en el Parlamento Europeo. Significa:

> Un plan de capitulación inaceptable para Ucrania y una declaración política de guerra a la Unión Europea [...]. Europa debe, por tanto, extraer las conclusiones necesarias: su seguridad, prosperidad y democracia ya no pueden depender de la voluntad cambiante de Estados Unidos. La autonomía estratégica ya no es una opción, sino una necesidad.
>
> Por ello, instamos a la Comisión Europea a que presente una nueva propuesta de Marco Financiero Plurianual (MFP), reforzada y más ambiciosa, capaz de financiar bienes públicos europeos, incluidas nuevas prioridades en defensa e investigación, preservando al mismo tiempo las dimensiones social y medioambiental, la cohesión y la agricultura, respetando el control parlamentario y el papel de las regiones y ciudades europeas, y financiada con verdaderos recursos propios de la UE.
>
> Al igual que en 1950, debemos concentrarnos en un punto crítico: el establecimiento de una defensa común europea respaldada por una unión política más fuerte. Solo una Europa más federal puede hacer frente a estos desafíos, garantizando el respeto de nuestros valores y derechos fundamentales.

Por ello, teniendo en cuenta el artículo 42 del Tratado de la Unión Europea, se trata:

> Lo que también puede hacerse mediante una nueva cooperación estructurada permanente entre los Estados miembros dispuestos

en caso de falta de unanimidad. Esto constituirá un sistema de defensa europeo capaz de coordinar las fuerzas armadas nacionales en caso de agresión contra cualquier Estado miembro. Para ello se requiere un Centro de Mando y Control de la UE.

En paralelo, el Consejo Europeo debe dar un seguimiento coherente a la propuesta del Parlamento de reformar los Tratados para abolir la unanimidad en el sistema de toma de decisiones de la UE —presupuesto y fiscalidad, política exterior, seguridad y defensa, y ampliación deberían pasar todos al procedimiento legislativo ordinario—, incluida la futura reforma de los Tratados.

Consideramos que el Parlamento Europeo puede desempeñar un papel fundamental en la aplicación de las reformas institucionales necesarias, también con vistas a la ampliación. En primer lugar, condicionando su apoyo a los próximos presupuestos anuales y al MFP a que el Consejo Europeo actúe conforme a las peticiones mencionadas. En segundo lugar, promoviendo una Asamblea Interparlamentaria (Assises), junto con una Asamblea Ciudadana Europea ad hoc para implicar a la ciudadanía.

En todo caso, dada mi participación en la Conferencia sobre el Futuro de Europa (CoFoE), no debemos defender una nueva convocatoria de este formato, que no alcanzó sus objetivos, debido a que casi la mitad de los miembros eran elegidos a sorteo. Es impensable que tengamos que hacer un edificio y seleccionemos a los arquitectos por sorteo entre todos los ciudadanos. Esto fue lo que ocurrió en la CoFoE, donde había que construir el futuro de Europa y para ello se selecciona por sorteo a ciudadanos que desconocían por completo el proceso. A mi juicio, habrá que utilizar el sistema del Congreso de La Haya, donde se juntaron 800 miembros que eran lo mejorcito de la Europa de ese momento.

8. CONCLUSIÓN: EL FUTURO DE EUROPA A TRAVÉS DE LA PROFUNDIZACIÓN Y LA AMPLIACIÓN

Desde nuestra génesis en el Congreso de La Haya, nuestro nacimiento en el exilio y nuestro desarrollo llevando la democracia a España y promoviendo su entrada en la UE, la historia respalda nuestra relevancia. Por ello, hay que reivindicar el papel que nos toca jugar en la actualidad y, por eso, hemos de estar presentes junto al resto de organizaciones de la sociedad civil en los debates sobre el futuro de Europa, dejando atrás la tiranía del azar sobrevalorada en la Conferencia sobre el Futuro de Europa (CoFoE), donde participé como representante de la sociedad civil española. No debe repetirse este formato cuando se convoque la Tercera Convención Europea. En cambio, es el espíritu federalista de la sociedad civil que refleja el Congreso de La Haya el que facilitará llegar a los avances que la UE necesita para hacer frente a sus desafíos actuales.

Por ello, en todo caso, habrá que convocar a las personalidades, o Assises, como se está planteando ahora.

En la actualidad, después de las elecciones al Parlamento Europeo del 6 al 9 de junio del 2024 se ha vuelto a plantear la cuestión sobre el futuro de Europa. En un principio parecía que los resultados de las mismas iban a conducir hacia una derechización de la composición del Parlamento y, por ello, a una ralentización del proceso de reforma federal que, *de facto*, se estaba desarrollando a lo largo de la novena legislatura. Al mismo tiempo, se vio con preocupación que, si bien los resultados electorales fueron equivalentes a los de cinco años antes en sede europea, tenían algunas repercusiones en diferentes Estados miembros, especialmente, en Francia y Alemania.

La cuestión de fondo que hemos venido analizando a lo largo de estas líneas es el debate permanente entre ampliación y profundización. La primera es la resolución del Parlamento Europeo del verano sobre la necesidad de la profundización antes de la ampliación. En la actualidad, habrá que abordar previamente la reforma en profundidad del proyecto europeo en clave federal, pasando de un federalismo *de facto* a un federalismo *de iure*, imprescindible para poder abordar las nuevas ampliaciones, que posiblemente, a su vez, se den en varias fases. La primera, quizás, se resuelva durante esta décima legislatura (2024-2029).

Precisamente, a mi juicio, el gran mensaje que transmite el informe de Draghi sobre competitividad es que, para poder abordar esta reforma profunda, imprescindible para resolver la brecha que existe entre los dos actores competidores con Europa, que son Estados Unidos y China, es fundamental una movilización de recursos de 800 billones anuales, tanto públicos como privados, que solo serán posible si se aborda, a la vez, la reforma federal en profundidad.

En Madrid, a 9 de diciembre de 2025
FRANCISCO ALDECOA LUZARRAGA

De la Europa deseada a la Europa compartida. España (1975-2025)

Álvaro Gil-Robles y Gil-Delgado*

1. Cuando, con motivo de la celebración de estos últimos 50 años vividos en nuestro país en paz y libertad, me sugirió mi estimada amiga Marian Rueda, subdelegada del Gobierno en Segovia, que organizase algún acto conmemorativo, pensé de inmediato en la necesidad de reflexionar sobre lo que para todos nosotros supuso la incorporación de España a lo que hoy conocemos como Unión Europea.

Y hacerlo, en mi caso concreto, desde la consideración de los retos a los que se ve sometido nuestro orden constitucional y el propio proyecto común europeo, hilvanado en ambos casos por el hilo común de los valores que identifican a una verdadera democracia. Su mejor conocimiento y defensa es también la tarea a la que desde hace muchos años viene enfocando su actividad la Fundación Valsaín Valores Democráticos, que me honro en presidir.

Para ello nada mejor que convocar una mesa redonda, de la mano del Consejo Federal Español del Movimiento Europeo (constituido por primera vez en el "interior" el 13 de marzo de 1973, bajo la presidencia de José María Gil-Robles y Quiñones), y presidido e impulsado hoy sin descanso por el gran europeísta que es Francisco Aldecoa. Y celebrarlo en Segovia, en el

* Presidente de la Fundación Valores Democráticos.

Campus María Zambrano de la Universidad de Valladolid, bajo la moderación de su vicerrector, Agustín García Matilla, a cuya entrega, trabajo y buen hacer debe tanto el éxito de este centro universitario.

Me alegro pues, que finalmente estemos reunidos hoy aquí, en la universidad, para conmemorar y celebrar tan importante acontecimiento. Y hacerlo, como ya he indicado, desde un enfoque crítico del momento político que nos toca vivir, en el que se alzan voces y se conforman movimientos anti europeos, en un caso, e interesadamente críticos en el de España, con nuestra democracia, sus orígenes y sus instituciones, y muy en especial con los valores que animan ambos proyectos de vida en común.

Por ello, me parece que este es un buen momento para reflexionar sobre estos retos, y hacerlo aquí, en la universidad centro del saber crítico por excelencia. Hagámoslo acercándonos al conocimiento de ambos proyectos, intentando responder a tres cuestiones muy simples: por qué, para que y como.

2. Dos proyectos. El de la construcción y consolidación de la democracia en España y el de la propia Unión Europea. Los dos están íntimamente entrelazados, y aun cuando distanciados en el tiempo en cuanto a su inicio, ambos responden a la necesidad de superar vivencias traumáticas, errores históricos y dar paso a la esperanza de una convivencia en paz, progreso y libertad.

Aunque parezca una reiteración de aquello que creemos que todos conocen, no quiero dejar de recordar de nuevo cuales fueron las causas, los motivos, la razón por la que los gobernantes de un puñado de países europeos, al finalizar la Segunda Guerra Mundial, decidieron emprender la aventura de sentar las bases de lo que hoy conocemos como Unión Europea.

Como también me parece necesario que nos detengamos a comentar como fue aquel momento fundacional de la democracia que hoy disfrutamos en España.

En esta aula, están presentes un buen número de estudiantes que pertenecen a una generación de españoles que no conocen este proceso más que por los libros o las referencias académicas. Tal vez, en algún caso, por referencias familiares. Pero para todos ellos la democracia que hoy vivimos y disfrutamos, ha sido el medio natural en el que han vivido.

Creo que otro tanto puede decirse de millones de jóvenes, de los restantes 26 países que componen la Unión Europea.

3. En el caso español, toda una generación y en especial nuestros jóvenes de hoy desconocen, como una vivencia propia, en qué contexto hubo que levantar el nuevo orden constitucional. Tal vez no les hemos transmitido, como debiéramos haberlo hecho, las circunstancias tan difíciles en las que, a la muerte del dictador en 1975, fue necesario tejer complicidades muy diversas no solo entre opciones políticas contrapuestas, sino históricamente confrontadas (incluso con las armas en la mano), para poder alcanzar un consenso sobre lo fundamental que nos permitiera vivir juntos, apartando la amenaza de vuelta a la confrontación fratricida. El resultado de ello fue la Constitución de 1978 y todo lo que de ella se derivó. Y estos 50 años de paz, democracia y libertad, que estamos festejando.

Por ello resulta tan fuera de lugar como políticamente interesada, la afirmación de que el proceso político que condujo de un régimen dictatorial a la democracia, fue un proceso fallido. En concreto, quienes esto sostienen, afirman que debería haberse aprovechado ese momento histórico, para barrer del mundo político español cualquier residuo del franquismo y sus seguidores, estableciendo una república, heredera legítima de la que fue derribada por el golpe de Estado franquista. Es decir, que no debiera haberse hecho una transición pacífica e integradora, facilitando el paso de la dictadura a la democracia, sino una ruptura frontal, con todas sus consecuencias y posible conflictividad.

Pero lo cierto es que, por parte de las fuerzas democráticas, clandestinas hasta el momento de iniciarse ese proceso democrático, se tuvo muy claro que no se daban las condiciones para una tal ruptura revolucionaria ni tampoco tenían la fuerza suficiente para imponerla. Por el contrario, resultaba evidente que, si se quería conquistar espacios de libertad y democracia duraderos, era necesario intentar hacerlo todos juntos y para todos. Consensuando el proceso entre vencedores y vencidos en la guerra civil, y en especial los herederos políticos de los vencedores y los de los vencidos. En suma, basar nuestro progreso político y social de futuro, en la superación de la dialéctica amigo-enemigo, y sustituirla por la de adversarios ideológicos, que resuelven sus diferencias en el contexto de un sistema democrático. Utilizando para ello los instrumentos y las instituciones que le son propias y se proclaman en la Constitución.

Y eso fue lo que se hizo en la llamada transición. Y el resultado fue derribar todo el entramado institucional de la dictadura y sustituirlo por un orden constitucional democrático, cimentado sobre un conjunto de valores (artículo 1), y todo ello plasmado en la Constitución de 1978. Sin traumatismos innecesarios. Sin olvidar que este texto fundamental no fue una norma otorgada ni impuesta, sino elaborada por las fuerzas políticas representadas en nuestro Parlamento, después de unas elecciones libres. Y también, libremente aceptada por el conjunto de los españoles, que la votó en un referéndum, con amplísima mayoría. Con ello se abrió un tiempo de convivencia en paz y libertad que no han podido destruir ni el fallido golpe de Estado del 23 de febrero (y otros que no prosperaron) ni el terrorismo de ETA ni más recientemente los movimientos independentistas catalanes, que han puesto el sistema democrático ante una de sus más importantes crisis.

Y también gracias a ello pudimos pasar a ser miembros del Consejo de Europa y más tarde incorporarnos al llamado entonces Mercado Común, hoy Unión Europea.

4. Si este fue nuestro reto histórico, y cómo lo afrontamos, creo que otro tanto puede decirse sobre los orígenes de la Unión Europea, tal como hoy la conocemos y vivimos, que es el resultado de un largo, sostenido y firme deseo de construir para todos los

europeos un espacio común de progreso económico y social, democracia, respeto de los derechos humanos, paz y libertad.

También hoy en día los jóvenes europeos ignoran en gran medida lo que costó poner en marcha este proyecto.

Por ello, han de saber que sus raíces más profundas vienen de algo que no debemos ignorar. La necesidad de hacer lo necesario para nunca más volver a confrontarse con las armas en la mano, como había ocurrido en la Primera Guerra Mundial (1914-1918) y vuelto a ocurrir en la Segunda Guerra Mundial (1939-1945), que acababa de finalizar. Luchar contra las causas que las motivaron y erradicar de raíz la existencia de monstruosidades como el nazismo, el fascismo y totalitarismos como el comunismo.

Era necesario sentar las bases y llegar a los acuerdos imprescindibles para nunca más volver a sembrar el suelo europeo de millones de muertos y heridos. Bases que permitieran alcanzar no solo objetivos de crecimiento económico y progreso social compartidos, sino también de convivencia en paz, con respeto de los derechos fundamentales de las personas, de todas las personas. Lo que solo era posible si todos los países dispuestos a avanzar en este proyecto de futuro, compartiesen un sistema político y social democrático, y asumiesen el cumplimiento de las exigencias propias a un Estado de derecho, en el que el respeto a la dignidad humana fuese el elemento vertebrador de los valores que lo animasen. Y todo ello, respetando la identidad propia e independencia de cada país participante.

Los Estados Unidos lucharon por la derrota del nazismo y el fascismo, por la libertad de Europa, y apoyaron su reconstrucción con el Plan Marshall (1946-1952). No debemos olvidarlo. La histórica reconciliación franco alemana fue también la piedra angular que permitió hacer realidad este proyecto. Una experiencia única en la larga historia de nuestro viejo continente.

El proceso de consolidación de este monumental e histórico reto no ha sido fácil ni precipitado, sino fruto de una evolución progresiva de todos los países que se han sumado a la construcción europea, desde que el pequeño puñado de fundadores se puso en marcha. Un camino que se inició con la Comunidad Europea del Carbón y del Acero (1951), pasando por la Comunidad Económica Europea (Roma 1957) y que ha conducido a la actual Unión Europea.

Pero si algo ha estado claro es que los países involucrados en esta magnífica obra, no solo buscaban un camino para consolidar una paz duradera basada en el progreso económico y social común, sino también en compartir y defender unos valores fundamentales, que se han constituido como la columna vertebral del sistema democrático sobre el que sustenta la construcción europea (artículo 2 del Tratado de la UE). Modelo de organización supranacional, político y social, que nos ha permitido convivir en paz y libertad desde que finalizó la última gran confrontación armada en Europa, y alcanzar cotas de bienestar económico y progreso social que jamás hubiéramos podido alcanzar individualmente cada uno de los países miembros.

No me parece aventurado afirmar que toda la razón de ser y objetivos fundamentales de la Unión Europea se resumen magníficamente en estas sencillas palabras: "La Unión tiene como finalidad promover la paz, sus valores y el bienestar de sus pueblos" (artículo 3.1).

Esta es una realidad indiscutible y yo diría que, pese a los oportunistas canticos de nacionalismo negacionista, es compartida por la inmensa mayoría de los ciudadanos europeos. De hecho, ningún país miembro se plantea seriamente bajarse del barco comunitario, sino más bien proliferan las pugnas por subirse a él. La única experiencia de abandono, fue la del Reino Unido, fruto de una campaña de intoxicación de la opinión pública inglesa llevada por la extrema derecha y que hoy en día lamentan amplios sectores de aquella sociedad, especialmente los más jóvenes.

5. Pero no podemos ignorar que, tanto en la Unión Europea, como en España, hoy corren vientos de crisis institucional, de euroescepticismo por parte de unos y de desencanto institucional en nuestro caso.

En lo que respecta a la Unión Europea, las causas de esta crítica que anima los programas de la ultraderecha nacionalista, tiene varias y diversas razones. Unas de ellas, hace referencia a la aparente ineficacia de la estructura administrativa de la propia Comisión, a la que se acusa de ineficiencia, burocracia excesiva y paralizadora. En suma, de un excesivo amor por la regulación de todos los ámbitos de la vida comunitaria, e incluso invasiva de lo que podría muy bien regularse solo en el nacional. Esta es una constante reivindicación desde hace muchos años, vinculada al pensamiento económico más liberal, y que no me es posible entrar a tratar aquí con la extensión y rigor que la cuestión merece.

En todo caso es una crítica que, aun cuando corresponde en parte, a circunstancias reales, es fácil de resolver y yo creo que hoy en día la Comisión es muy consciente de esta necesidad de aligerar y dinamizar la administración comunitaria, asfixiada en ocasiones por un excesivo burocratismo esterilizante. Pero hemos de tener en cuenta otros factores que también están presentes en la base de estas dificultades por las que está pasando hoy en día la credibilidad de la Unión Europea.

Uno de ellos, es el crecimiento y expansión de los partidos de extrema derecha, animados de un ideario que creíamos ya erradicado de nuestra vida política común y que conlleva mensajes contrarios a los valores democráticos, y que fomentan el racismo, la xenofobia y el odio hacia los emigrantes. Estos movimientos, además, se vinculan con un fuerte sentimiento nacionalista en el peor de los sentidos y por ello mismo profundamente crítico con todo aquel proyecto político que busque la unión y la cohesión, en el respeto de las identidades propias. Es decir, son antieuropeos.

También, como comprenderéis, me falta tiempo para abordar esta cuestión en profundidad, pero sí puedo deciros que siempre he pensado que una fórmula que facilitaría esa integración paulatina y sólida de todos los países, tan diferentes, que constituimos el milagro europeo, sería caminar por la senda del federalismo, como instrumento útil para sobrepasar estos escollos de estéril y paralizante nacionalismo reaccionario.

Ahora más que nunca los países que componemos la Unión Europea debemos ser conscientes de la necesidad de reforzar la toma de decisiones que consoliden a la propia Unión como proyecto político y social. Y ello conlleva asumir que han cambiado las circunstancias que hasta el presente han permitido a muchos países flotar en el limbo interesado de la no definición.

El primer factor que ha cambiado y es peligroso para nuestra seguridad común, es la evolución involucionista y autoritaria de la Federación de Rusia. El presidente Putin ha conseguido instaurar una verdadera dictadura interna y conseguir que la asuma una parte importante de su ciudadanía, así como el mensaje y proyecto imperialista de la gran Rusia, lo que conlleva una política de expansión territorial, incluso por la fuerza, como lo demuestra la ocupación de Crimea y la posterior guerra de agresión directa contra Ucrania.

A esta peligrosa circunstancia se une un cambio radical en la política mantenida hasta ahora por los Estados Unidos en cuanto a la defensa y seguridad de Europa, materializada en el apoyo indiscutible de la OTAN. El presidente Trump está animado de una filosofía y unos valores que no son los que precisamente cimientan el proyecto europeo, sino muy por el contrario los de potenciar los intereses nacionales americanos por encima de cualquier otro factor, incluso con el uso de la fuerza y dejando de lado cualquier indicio de respeto por las reglas y garantías propias de los sistemas democráticos y las reglas del Estado de derecho.

Ambas potencias, la Rusia de Putin y los Estados Unidos de Trump, coinciden por primera vez y de forma clara, en compartir un conjunto de contravalores democráticos, entre los que destaca el uso de la fuerza si fuere necesario, un imperialismo agresivo y una común inquina al proyecto político y social que entraña la Unión Europea, que sueñan con ver debilitada y mejor aún disuelta.

Así pues, hemos de reconocer que Europa, la Unión Europea como proyecto político, económico y social de convivencia en paz y libertad, está sola. Y asumiendo esta realidad, debe reaccionar con vigor, pues en no dejarnos aniquilar, reside nuestra supervivencia como proyecto que nos ha permitido el progreso, la paz y la libertad de que gozamos hoy en día.

Y la Unión Europea lo puede hacer perfectamente, pues no olvidemos que es una de las más importantes potencias económicas del mundo. Pero también es cierto que es el momento de que quienes siempre se abrazaron a un atlantismo ciego, reconozcan el alcance de su error y apoyen una verdadera política comunitaria integradora, lo que incluye también combatir, con los propios instrumentos comunitarios, con decisión, las políticas negacionistas y nacionalistas autoritarias de alguno de sus miembros. En tiempos de crisis, tolerancia cero.

Y terminaría este rapidísimo y puntual análisis de la crisis europea, afirmando que si bien es un hecho que no podemos negar la necesidad de consolidar nuestra propia defensa ante posibles agresiones de los vecinos, otro tanto debemos hacer, y con urgencia en cuanto al rearme de nuestra ciudadanía europea en valores, valores democráticos que son los cimientos sobre los que se sostiene toda la casa común europea. Y para ello potenciar el instrumento de la educación, escolar, universitaria y ciudadana en general, es vital.

6. En fin, ya hemos visto que ambos modelos de organización política, el nuestro en particular, y el de la Unión Europea también, tienen sin duda un origen similar, como es el deseo de superar catástrofes desgarradoras y confrontaciones armadas; y aun cuando distanciadas en el tiempo por razones históricas, ambas han configurado un remedio común para evitar volver a las andadas del odio fratricida y la confrontación armada. Para ello, lo repetiré una y otra vez, hemos construido una verdadera democracia y asumido los valores que la encarnan, y en especial el respeto a la dignidad de todos los seres humanos y su libertad, lo que nos diferencia de cualquier otro sistema político autocrático o dictatorial.

Es necesario conocer ambas experiencias históricas, sus raíces, su razón de ser, lo que nos han aportado de paz, progreso, y libertad. Lo que entrañan de esperanza de un futuro compartido, sin el retorno a la maldición de la dialéctica amigo/enemigo, a la exclusión del adversario, sin negar el derecho a la diferencia, rechazando los nacionalismos excluyentes.

Pero lo cierto es que hacer un ejercicio de memoria no siempre es fácil y menos en situaciones de crisis, especialmente las económicas y generacionales, cuando surgen los movimientos negacionistas, radicales, de soluciones violentas ante problemas complejos y con innegable retorno al pensamiento totalitario escondido entre los pliegues de los programas de los partidos de extrema derecha. Mensajes propagados por las redes, en manos de quien ya sabemos y que no cesan en intoxicar a cada momento con mensajes falsos o simplemente al servicio de los intereses de aquellos que abominan de la democracia y solo conciben objetivos lucrativos, al precio que fuere necesario.

Hoy, aniversario tan destacado como es de la reconquista de nuestras libertades, no debemos olvidar que la libertad es bien frágil, difícil de conseguir y relativamente fácil de perder, como la experiencia nos demuestra.

Pero conservar la democracia conlleva el compromiso de implicarse en su mantenimiento, cada uno de nosotros en la medida de sus posibilidades y sensibilidad, haciendo fructífera nuestra condición de ciudadanos, de nuestro país y de la Unión Europea, ejerciendo sus derechos y cumpliendo con los deberes que tal condición entraña.

Supone también exigir de nuestros gobernantes que huyan de la confrontación personal estéril y aporten a la vida política proyectos de futuro que deseen responder a las inquietudes que a todos nos embargan, en esta sociedad tan convulsionada.

Huyamos de los cantos de sirena de las soluciones rápidas, unilaterales, no pactadas y acordadas en beneficio de todos, y solo buscando la imposición de intereses inconfesables.

Y terminaría reiterando un deseo que es también una esperanza. Si hoy nos inquieta la seguridad de Europa, amenazada por el imperialismo de Putin, o los deseos claramente expuestos del presidente Trump de combatirnos como alternativa de progreso en libertad, la solución no vendrá solo de rearmarnos militarmente, sino principalmente en defender la identidad de proyecto común de convivencia europea y española en particular, reivindicando más que nunca y defendiendo los valores democráticos, que son su signo de identidad.

Las negociaciones para la adhesión de España en las Comunidades Europeas

ENRIQUE BARÓN CRESPO*

De la Europa deseada a la Europa compartida, un sugerente título que resume el compromiso vital de nuestra generación. Llegamos a la vida pública bajo la advertencia de Ortega y Gasset de que "España era el problema y Europa la solución". La sentíamos como una maldición eterna.

Una frase que parecía expresar un amor imposible como el de don Quijote por la idealizada Dulcinea, mientras que los europeos demócratas después de la locura colectiva de su gran guerra civil en dos etapas (1914-1945) empezaban a compartir la ingente labor de reconstruir y asegurar el futuro de Europa sobre la base de valores democráticos comunes y una voluntad de cambiar juntos la historia.

El desenlace de la Guerra Mundial dejó a la dictadura aislada mientras empezaba un movimiento impulsado por los demócratas europeos para hacer posible este sueño de paz y cooperación. El proyecto tomó forma en el Congreso del Movimiento Europeo de La Haya de 1948, un evento de la sociedad civil presidido por Churchill en el que se pusieron las bases políticas, económicas y culturales de la Europa unida, con una visión siempre actual. Con una participación española cualificada

* Presidente de la Unión de Europeístas y Federalistas de España y presidente del Parlamento Europeo entre 1989 y 1992.

de un grupo de exiliados impulsado por Salvador de Madariaga: Indalecio Prieto, el doctor Trueta, Joaquín Xirau, José Antonio Aguirre, José Mª Gil Robles y Quiñones no pudo asistir por la fraternidad represora de los dictadores ibéricos.

El Consejo Federal Español del Movimiento Europeo (CFEME) nació el año siguiente en París, en el Palacete de la Libertad. Tras ser incautado por Hitler que se lo entregó a Franco, el Gobierno actual lo ha restituido a su legítimo dueño, el PNV. Después, fue la plataforma de encuentro de la oposición interior y del exilio en el Congreso de Múnich de 1962 que desencadenó una histérica represión de una dictadura que trataba de presentarse como aceptable en el mundo de la Guerra Fría.

Para al menos tres de los participantes en esta mesa redonda, el Movimiento Europeo ha sido escuela y referente en nuestra vida política y cultural: Francisco Aldecoa preside actualmente del CFEME, Álvaro Gil-Robles y Gil-Delgado tiene una intensa ejecutoria en el Consejo Europa en el que España entró en 1978 y un servidor presidió el Movimiento Europeo Internacional entre 1977 y 1979.

En las primeras elecciones de 1977, hubo un acuerdo general constituyente a favor de la incorporación a Europa. La cuestión no se planteaba tanto como un desafío económico como democrático. Prueba de ello fue la entrada en el Consejo de Europa, el hijo primogénito del Congreso de La Haya y foro de la Europa de la libertad en 1978, antes de haber sometido el texto de la Constitución a referéndum, bajo palabra de honor de los líderes políticos en una emocionante ceremonia en Estrasburgo. El consenso continuó con la apertura de negociaciones para la adhesión, iniciada con el Gobierno Suárez y culminada con el primer Gobierno González.

España llegó a las puertas de la CEE en una situación de crisis, tanto mundial como también de los mecanismos comunitarios. La dimensión y la capacidad de la economía española tenían un peso relativamente importante, en especial en agricultura de exportación y pesca, y en sectores industriales maduros que también estaban en crisis en la CEE. No se percibía como una cuestión tan digerible como los casos griego o portugués.

El caso español actuó, en este contexto, de catalizador de la crisis de la Comunidad porque puso de relieve sus principales diferencias internas: desequilibrio norte-sur, problemas regionales, exceso de capacidad en industrias tradicionales y amenaza de una oleada migratoria. Una paradójica situación: no faltaban protestas de amor, pero por el comportamiento de los prometidos, no parecía que la boda fuera muy deseada.

En efecto, la ampliación de la CEE se planteó en un marco en el que la PAC, política agraria común (un 70% del presupuesto), enfrentaba totalmente a sus principales miembros· El pulso de la Sra. Thatcher pidiendo el cheque británico ("I want my money back",) solo se superó en 1984, en la cumbre de Fontainebleau. Además, el futuro de la CEE estaba estrechamente ligado a las opciones energéticas y monetarias para superar la crisis mundial.

En este contexto, la actitud de los países más hegemónicos de la CEE no era muy favorable a la entrada rápida de España. Los Gobiernos británico y belga mostraban más interés en el ingreso de España en la OTAN que en la CEE; el Gobierno alemán, pese a la propuesta del SPD del Plan Sur, tenía urgencias más apremiantes hacia el este. Francia seguía con la política gaullista de plantear su papel decisorio en Europa, dramatizando la situación de su Midi frente a la amenaza de una "coreana" competitividad española.

Pero no era solo Bruselas quien frenaba. En España, a pesar de la aparente unanimidad, las resistencias profundas eran muy reales, con declaraciones públicas, sobre todo de la gran patronal (CEOE) proteccionista y poco favorable a la introducción del IVA, así como de disponibilidad para un necesario proceso de adaptación y reconversión. Resultaba, en efecto, difícil de explicar cómo era fácil entrar en la OTAN, lo hizo el efímero Gobierno Calvo Sotelo prácticamente sin debate, con el aumento de riesgo que ello implicaba, y tan difícil entrar en la CEE.

Con todo, el apoyo de la ciudadanía a la incorporación a la CE era muy mayoritario. Sin embargo, las tramas militares, y sobre todo civiles, contra la democracia eran tan perseverantes como retrógradas. El *electroshock* político del referéndum sobre la entrada en la OTAN adquiría sentido en este contexto en un país cuya ciudadanía no había vivido la liberación por los aliados en 1945.

La opción de aceptar una salida negociada de la crisis, progresista en lo político, partía de realizar la reconversión de sectores productivos maduros con poder en España y la decisión de transformar en un sentido democrático nuestras estructuras, un proceso de liberalización al aire fresco de la competitividad exterior. Dilema que Francia y, más aún, Italia vivieron con motivo de la creación de la CEE en 1956.

La negociación, capítulo a capítulo, fue dura por el descubrimiento progresivo en Bruselas de un país cuya agricultura iba de lo tropical a lo alpino con una dimensión exportadora tradicional notable sobre todo en aceite, vino, frutas y verduras, temas poco contemplados en la PAC tradicional. Con un tema tan clave y espinoso para los ibéricos como la pesca, que el presidente del Consejo Andreotti apuntilló en sesión nocturna en vísperas de la solemne ceremonia de firma.

La solemne ceremonia de firma de la adhesión el 12 de junio de 1985, en sesión matutina en Lisboa y vespertina en Madrid significó un cambio histórico en el que compartimos juntos desde hace 40 años la solución de los problemas con voluntad de futuro.

En este aniversario, dos nuevos desafíos se plantean a la construcción europea: el giro de la nueva presidencia de Estados Unidos que en su delirio de que "América vuelva a ser grande de nuevo" ha definido una estrategia basada en el "colapso civilizacional" de Europa, acompañada de la guerra de invasión de Ucrania por el neozar Putin de volver a dominar el continente como Alejandro I en la Europa del Congreso de Viena. Ambas parten de la desaparición de la Europa Unida, reemplazada por una vuelta al concierto de las grandes potencias que vigilan sobre los pequeños nacionalismos mientras no luchan entre ellas.

Recordar estos hechos tiene pleno sentido en el momento en que celebramos el 40 aniversario de nuestra entrada en la entonces Comunidad Europea. No se trató de rellenar el impreso de entrada a un club selecto. España no fue liberada de las potencias del Eje por los aliados en 1945, la transición con la Constitución, acompañada de la reforma fiscal y los pactos de la Moncloa, fue obra de la voluntad de una sociedad renovada con voluntad de futuro.

Ortega sobrevivió a la nueva guerra de los 30 años europea en el exilio argentino, europeísta militante y diputado constituyente en 1931 pudo saludar "la hora crepuscular matutina" del comienzo de la construcción europea actual apoyando expresamente la Declaración Schuman y la creación de la CECA. Pienso que la ejecutoria de la España democrática en la Unión Europea es una positiva respuesta a su voluntad existencial de reconciliación.

España como motor de la inteligencia deseada y ¿compartida? en la Unión Europea

GUILLERMO HERGUETA SÁLOMON*

El intento de invasión del ejército ruso a Ucrania comenzó el 24 de febrero de 2022 bajo la denominada operación militar especial. Este conflicto bélico está alcanzando su cuarto año de guerra. Para la Unión Europea es un desafío de seguridad y el fin del conflicto determinará el devenir del viejo continente.

Ante este desafío, las tensiones entre la Unión Europea y Rusia han quedado demostradas mediante un apoyo total de Bruselas a Ucrania e imposición de sanciones hacia el Estado ruso. Por parte de Rusia se han hecho constatar estas tensiones mediante discursos amenazantes y técnicas de guerra híbrida. Aunque en estos momentos Estados Unidos Rusia y Ucrania están sentados en la mesa para negociar una paz, la seguridad y defensa ha impregnado la agenda europea e internacional.

Debido a ello la Unión Europea ha decidido incrementar el gasto en defensa, una de las partidas a la que menos fondos se han destinado tradicionalmente. Las tensiones entre la Administración Trump y su reciente Estrategia de Seguridad Nacional objeto de polémica, ha dejado de manifiesto que las relaciones transatlánticas están en el punto más delicado de toda su historia. La seguridad norteamericana para Europa ya no está garantizada como antes. Por ello la autonomía estratégica cobra

* Estudiante de Relaciones Internacionales y colaborador del CFEME.

más que nunca una especial urgencia para la seguridad y defensa europea.

No obstante, ¿es suficiente invertir militarmente para lograr una mejor seguridad? Hay otros elementos de seguridad disponibles pero que requieren de un mayor desarrollo y capacidad. Fundamentalmente la inteligencia, que hoy vemos que es la protagonista en el campo de batalla en Ucrania.

Aparte del apoyo financiero, económico, político y militar que hace resistir a Ucrania en el frente, el elemento de inteligencia es indispensable en el campo de batalla. Ucrania la recibe en tiempo real de sus socios europeos y también de los Estados Unidos, aunque cada día el apoyo norteamericano es más distante. Ahora es el Reino Unido el que más inteligencia proporciona a Ucrania.

La inteligencia es aquella serie de técnicas, procesos, procedimientos que sirven para planificar la obtención de información para obtener esa información y analizar la misma con el objetivo de reducir la incertidumbre para los decisores y puedan tomar las medidas más acertadas. De todos modos, no se puede profundizar en la inteligencia sin explicar el ciclo ni los métodos para llevarla a cabo. Se expondrán a continuación tanto el ciclo como las herramientas:

Ciclo de inteligencia:

1. Dirección: el Gobierno o institución establece y encarga los objetivos a los servicios de inteligencia.
2. Planificación: se estudian los recursos disponibles para conseguir la información necesaria para poder cumplir con los objetivos.
3. Obtención: uso de las herramientas disponibles para recopilar información.
4. Elaboración: documentación y análisis de la información recolectada.
5. Difusión: se envían los resultados del ciclo de inteligencia vía informe a los decisores.

En la parte de obtención de información hay una serie de herramientas principales para conseguirla:

1. Técnicas operativas: son aquellas que se emplean para obtener información mediante procedimientos especiales que suelen tener riesgos, ya que, la información encargada de conseguir requiere de una labor compleja y es de difícil acceso.
2. Fuentes humanas (HUMINT): esta rama de inteligencia es la más clásica y la más común, puesto que se trata de lograr información a través de individuos.
3. Fuentes abiertas (OSINT): esta manera de trabajo consiste en obtener información a través como se indica, de fuentes abiertas sin ningún tipo de impedimento.
4. Inteligencia de señales (SIGINT): consiste en conseguir información a través de fuentes técnicas como por ejemplo dispositivos electrónicos.
5. Inteligencia geoespacial (GEOINT): la finalidad de este método tiene como objeto analizar y explotar datos de geolocalización mediante imágenes satelitales mapas o ubicaciones para poder conocer elementos físicos y actividades humanas en el terreno. Ese tipo de inteligencia es la que está recibiendo en tiempo real Ucrania en el marco bélico.

Un servicio de inteligencia civil es un organismo del Estado normalmente dependiente de las altas instancias, cuyo fin es garantizar la seguridad nacional salvaguardando los intereses políticos y estratégicos del Estado, así como todos aquellos que considere el Gobierno.

Esta función es la que diferencia en el campo de la seguridad a los servicios de inteligencia con los cuerpos y fuerzas de seguridad del Estado. Mientras que estos se ocupan de la seguridad humana, los servicios de inteligencia se encargan de la seguridad del Estado en su conjunto.

Un servicio de inteligencia militar radica en conocer información más concisa en términos operativos para las futuras decisiones que se deban en seguridad y defensa. A modo de ejemplo se pueden resaltar actores hostiles o situación actual en un determinado terreno.

Es importante adentrarse en estos dos aspectos, porque la Unión Europea se nutre tanto de inteligencia militar, como de la civil. Aunque en el fondo, la inteligencia no tiene apellidos.

Cada Estado miembro tiene sus respectivos servicios de inteligencia. Sin embargo, a nivel de la Unión Europea las capacidades en ese campo son más limitadas y menos activas. Hay un servicio dedicado a ello que depende del Servicio Europeo de Acción Exterior (SEAE). Se trata del Centro de Inteligencia y Situación de la Unión Europea (EU INTCEN). Es el órgano motor y productor principal de inteligencia en la Unión Europea. Por otra parte, dentro del Estado Mayor de la Unión Europea se encuentra la Dirección de Inteligencia.

El servicio fue creado en 2002 en la etapa de Javier Solana como alto representante de la Unión Europea para la PESC. Cuando Javier Solana desembarcó en la Unión Europea, tras su paso previo por la OTAN como secretario general, las cuestiones de política exterior de la UE se decidían en el Consejo Europeo (aún sin estar institucionalizado). Tras la entrada en vigor del Tratado de Lisboa en 2009, tanto el Consejo Europeo como el Servicio Europeo de Acción Exterior se institucionalizaron oficialmente.

El primer paso que dio Javier Solana en dirección hacia la inteligencia fue la creación de la Unidad Política (Policy Unit). Esta unidad, formada por funcionarios y diplomáticos, servía de soporte informativo para el alto representante sobre distintos contextos en el exterior con el valor añadido de la información que llegaba desde las delegaciones de la UE en el exterior. También se abordaban los asuntos de defensa bajo el nombre de Military Stuff.

Poco tiempo después, se creó el primer servicio de inteligencia de la Unión Europea denominado SITCEN (Centro de Situación Conjunto). Este organismo empezó a funcionar como un organismo de análisis de inteligencia a raíz del 11S (atentado contra las Torres Gemelas). En un momento en el cual el viejo mundo no acababa de morir, pero uno nuevo estaba naciendo. Con la institucionalización del SEAE en 2010, el SITCEN pasó a denominarse EU INTCEN y hoy sigue dependiendo del Servicio Europeo de Acción Exterior. El único cambio real es que cambian los nombres de los organismos y un desarrollo progresivo en la materia dedicada.

En cuanto al funcionamiento y metodología del EU INTCEN, cabe resaltar que a diferencia de los servicios de inteligencia nacionales, este servicio tiene una menor capacidad de producción de inteligencia y de autonomía. Tiene un personal pequeño, aunque cuenta con delegados de los Estados Miembros.

El EU INTCEN Más allá de la cooperación que tiene con sus homólogos, cuenta con sus propias herramientas, que son las siguientes:

1. Inteligencia diplomática: tienen que ver con la información que llega desde las delegaciones de la Unión Europea en el exterior.
2. OSINT: como se ha mencionado antes, se trata de la información a recoger que está al alcance sin ningún tipo de reservas.
3. GEOINT: el Centro de Satélites de la UE (SatCen), ubicado en Torrejón de Ardoz, proporciona inteligencia geoespacial al SEAE y se ha convertido en una pieza clave para proporcionar inteligencia en tiempo real al Gobierno ucraniano.
4. SIAC: capacidad única de análisis de inteligencia. Se concentran la información que tiene el EU INTCEN y la información proporcionada por el Estado Mayor de la UE. Se combinan ambas y de ahí se llevan a cabo análisis de inteligencia.

Como se ha visto en los párrafos anteriores, el EU INTCEN tiene varios recursos para realizar el ciclo de inteligencia. Sin embargo, hay algunos factores que impiden un mayor desarrollo de capacidades en el ciclo de inteligencia descrito previamente.

En primer lugar, en cuanto al personal destinado en el servicio, algunos de ellos son agentes temporales y otros son funcionarios de la Unión Europea que van cambiando de destino cada cierto tiempo. Esta dinámica dificulta que haya un personal propio y fijo a largo plazo. Hay un trabajo de continuidad, pero no hay un personal fijo.

Otro factor fundamental es el despliegue exterior. El EU INTCEN carece de ese despliegue permanente. El servicio se apoya en las relaciones diplomáticas de la Unión Europea, pero el despliegue exterior a este nivel es limitado. Este elemento puede parecer más bien técnico, pero en realidad sin ese despliegue, puede ser más compleja la comprensión de la situación en el terreno sobre el que se esté trabajando o analizando, y sobre todo se pierde la oportunidad de captar fuentes humanas (HUMINT) para obtener información.

El último escollo que impide un servicio de inteligencia más completo y ambicioso en cuanto a la calidad de esta es la lógica y natural resistencia de los Estados miembros en esta materia. Aunque los Estados miembros compartan cierta información, suele haber una parte de información que los Estados miembros no la comparten. Al ser este el principal obstáculo para el ciclo de inteligencia, por ello mismo el EU INTCEN Debe empezar a construir su autonomía y desarrollo para obtener información que no pueden conseguir de otras fuentes.

Teniendo en mente la situación actual y los desafíos presentes con la guerra en Ucrania, Europa ha tomado conciencia de su propia seguridad. En combinación con el alejamiento de Trump, la autonomía estratégica tiene que llegar más pronto que tarde.

Por este mismo motivo, tener la capacidad de una autonomía plena y un desarrollo en términos de inteligencia es muy importante para esa seguridad de la que Europa tiene que empezar a hacerse responsable. En definitiva, el cambio, es un refuerzo necesario que pasa por tener un sistema propio de inteligencia en donde quepa la cooperación, pero a su vez medios propios sin necesidad de dependencia para recoger información diferenciándose de los servicios de inteligencia estatales. España tomó la iniciativa y, como país europeísta, debe llegar hasta el final.

La modernización económica española desde 1975 y su motor europeo

SAMUEL ROJO BÁRCENA*

Sumario: 1. La economía deseada. 2. La economía compartida. 3. Una Europa mejor es posible.

1. LA ECONOMÍA DESEADA

La España de finales de los años setenta y principios de los ochenta miraba hacia la Comunidad Económica Europea (CEE) como un faro de modernidad y progreso. Pese a que el continente afrontaba sus propias crisis tras los *shocks* petroleros, los socios comunitarios representaban, en comparación con nuestro país, un horizonte de prosperidad. El núcleo duro conformado por Alemania Occidental, Francia y el Benelux, junto a socios como Reino Unido, Italia, Dinamarca e Irlanda, operaba bajo unos estándares de productividad e innovación inalcanzables entonces para nosotros. Esa brecha se reflejaba en la calidad de sus infraestructuras, la potencia de sus mercados financieros y su tecnología industrial. Un dinamismo que contrastaba con una España que todavía arrastraba las inercias de décadas de autarquía, una obsolescencia tecnológica evidente y una estructura

* Estudiante de Economía y Relaciones Internacionales y colaborador del CFEME.

productiva excesivamente dependiente de sectores con escaso valor añadido.

A ojos de España, la CEE se presentaba por tanto como un ancla de solidez y estabilidad potencialmente capaz de suavizar los efectos adversos de las crisis y multiplicar el empuje de los periodos expansivos. Por una parte, constituía un paraguas bajo el que era posible resguardarse de las tempestades recesivas, como la entonces reciente crisis del petróleo. La existencia de una disciplina monetaria superior y un compromiso político fuerte con la cooperación ofrecía una valiosa garantía de seguridad, consolidando así un entorno más predecible para los agentes económicos españoles. Por otra parte, la CEE era equiparable a un club económico de primera división que permitía a sus integrantes aprovechar mejor las coyunturas económicas favorables y proyectar una imagen de credibilidad atractiva para los inversores extranjeros y las empresas multinacionales.

La manera española de contemplar y entender la CEE no se limitaba a una observación resignada y distante, sino que dejaba traslucir un fuerte anhelo por converger con esta asociación de países y, en el caso de las aspiraciones más ambiciosas, llegar a formar parte de ella. Los sectores europeístas de la sociedad española deseaban unirse al proyecto comunitario, entre muchas otras razones, porque querían compartir lo que dicho proyecto significaba. España tenía que dejar de ser una excepción y convertirse definitivamente en partícipe de la prosperidad y el éxito de nuestros vecinos. Desde una perspectiva económica, el sueño europeo consistía en equiparar los estándares de bienestar españoles a los de las democracias más avanzadas del continente. Todavía habría que esperar unos años para empezar a hacer de este deseo una realidad material.

2. LA ECONOMÍA COMPARTIDA

La aspiración española de integrarse plenamente en Europa —la Europa deseada— se materializó con la adhesión a las

Comunidades Europeas el 1 de enero de 1986, punto de partida de una auténtica Europa compartida. Se trató de un hito clave para la modernización de nuestro país y supuso la constatación definitiva de que España dejaba atrás los oscuros años del aislamiento internacional, también desde el punto de vista económico.

Impulsada por Europa, España ha experimentado una modernización económica trascendental en los últimos 40 años que ha permitido a sus ciudadanos alcanzar niveles de bienestar sin precedentes. Esta tendencia se refleja en la evolución favorable de algunos de los principales indicadores macroeconómicos españoles: el PIB per cápita se ha duplicado desde entonces, las exportaciones se han triplicado, la tasa de paro se ha rebajado a la mitad y la inflación media anual ha descendido, fluctuando ahora en torno a un nivel más estable.

Como consecuencia, la economía de nuestro país ha experimentado un acercamiento gradual con nuestros vecinos europeos, impulsada por dos factores estructurales vinculados con la Unión Europea: la integración en el mercado común y la posterior adopción del euro. La combinación de ambos, producida en el marco de un proceso de globalización más amplio y de alcance intercontinental, permite explicar la radical transformación productiva, comercial y financiera de la economía española desde 1986.

Por un lado, la integración en el mercado común —crucial para la libre circulación de bienes, servicios, capitales y personas— fue un proceso cuya gestación coincidió cronológicamente con la adhesión española. La apertura a los mercados europeos incrementó el comercio exterior y dotó de una mayor proyección internacional a nuestra economía. Las empresas españolas se vieron obligadas a competir con productos e industrias extranjeras más eficientes, lo que indujo a un proceso de modernización productiva radical. El precio que la industria nacional tuvo que pagar no fue bajo: el proceso de reconversión industrial que subsiguió resultó muy doloroso en términos sociolaborales, afectando duramente a algunos sectores como la siderurgia, la construcción naval o la minería del carbón. No obstante, este era un peaje ineludible en el camino hacia la madurez económica, imprescindible para materializar el sueño de la Europa deseada.

Por otro lado, la adopción del euro a partir de 1999 representó quizás el salto cualitativo más importante en la integración con la Europa compartida, con consecuencias muy favorables para España. En el ámbito financiero, nuestro sistema bancario salió fortalecido y adquirió una proyección internacional mucho mayor. Las entidades bancarias españolas pudieron operar de forma mucho más sencilla en el resto de Europa y del mundo. Al mismo tiempo, nuestro país se convirtió en un destino más atractivo para las inversiones extranjeras: el riesgo implícito en las devaluaciones de la peseta desapareció por completo y la confianza en la moneda española pasó a equipararse con la confianza en la moneda francesa o alemana. En relación con ello, la entrada en el euro eliminó el riesgo de cambio y facilitó las transacciones transfronterizas. Se iniciaba entonces un periodo de estabilidad macroeconómica y de reducción de los costes de financiación para los españoles. A día de hoy, el euro es la segunda moneda de reserva más importante del mundo.

Mención especial merecen los fondos estructurales y de cohesión, que han aportado a España miles de millones de euros. Estos fondos han sido un signo inequívoco de la solidaridad europea y han significado para nuestro país nuevas carreteras, escuelas, ferrocarriles, centros de salud, etc. Su mayor virtud es que no han tenido un alcance circunscrito a las grandes ciudades o las regiones más ricas, sino que han contribuido igualmente al desarrollo de las regiones más necesitadas. En las zonas rurales, los beneficios de estos fondos se han sumado a las ayudas canalizadas por la Política Agraria Común (PAC), que han contribuido a situar al sector agrícola español en el olimpo europeo de la competitividad.

Además, en paralelo, la adhesión propició cambios sociales de enorme trascendencia en nuestro país: se avanzó hacia la construcción de un Estado del bienestar fuerte al más puro estilo europeo, marcado por la universalización de la asistencia sanitaria y la expansión del sistema educativo y de pensiones. Los españoles, muchos de los cuales habían conocido la escasez de la guerra o la posguerra, experimentaron una mejora sustancial de su calidad de vida en las dos últimas décadas del siglo. Las desigualdades sociales mermaron, al tiempo que se consolidaba la clase media, capaz de impulsar el consumo y dinamizar la inversión. También aumentó de forma significativa la participación de las mujeres en el mercado laboral como resultado de su proceso emancipatorio. A esto hay que sumar la mejora generalizada de la formación de los trabajadores, favorecida por la expansión de la educación básica y superior, que dinamizó y enriqueció el mercado laboral. Muchos de ellos tuvieron la oportunidad de formarse en otros países gracias al programa Erasmus, una iniciativa de movilidad estudiantil que debemos en gran parte al español Manuel Marín.

Con todo, la economía española es hoy mucho más próspera, inclusiva y avanzada que la de los años de la dictadura, pasando de aquella Europa deseada a esta Europa compartida. No obstante, el progreso económico de nuestro país ha sido una moneda de doble cara, en la que el crecimiento ha convivido con desequilibrios de diversa índole. La estructura sectorial se ha terciarizado en exceso, descompensando el peso de los sectores primario y secundario. El mercado laboral sigue caracterizándose por la persistencia de rigideces, con una elevada tasa de temporalidad y desempleo. Las brechas de desigualdad entre territorios no han cicatrizado e incluso se han ampliado en algunos casos. El vaciamiento demográfico del interior peninsular ha contribuido a las diferencias intrarregionales e interregionales.

Asimismo, la irrupción de crisis económicas de muy distinta naturaleza ha frenado temporalmente el proceso de acercamiento con nuestros vecinos, especialmente en 1992-1993, 2008-2014 y 2020-2021. Sin duda, la más grave desde el ingreso en las Comunidades Europeas ha sido la Gran Recesión de 2008, que se solapó con la llamada crisis del euro. La sucesión de periodos recesivos ha contribuido al estancamiento de la productividad, que sigue siendo a día de hoy la principal asignatura pendiente de la economía española.

3. UNA EUROPA MEJOR ES POSIBLE

El conformismo no forma parte de nuestra identidad compartida, por lo que debemos tener presente que es posible aspirar a una España y una Europa mejores. Lo cierto es que todavía nos queda mucho que desear, sobre todo porque nuestro proyecto común se halla en un punto de inflexión existencial. Los desafíos que enfrentamos, exacerbados por la retórica apocalíptica de los más euroescépticos, no son menores. Sin embargo, la evidencia empírica demuestra que la Unión Europea sabe fortalecerse ante la adversidad y transformar cada crisis en un paso hacia el progreso.

En este contexto, debemos construir la economía del futuro unidos y con responsabilidad, apostando por una transformación de triple dimensión: ecológica, digital y social. La modernización tecnológica y la sostenibilidad no deben ser fines en sí mismas, sino herramientas al servicio del bienestar individual y colectivo. En otras palabras, el crecimiento debe producirse sin perder de vista la preservación del medioambiente y el bienestar de las personas más vulnerables.

Una Europa mejor exige la mejora de nuestra competitividad de manera urgente. Como ha señalado el reciente Informe Draghi, la UE experimenta una brecha de innovación alarmante con respecto a Estados Unidos y China y está quedando rezagada en la carrera tecnológica, especialmente en los ámbitos de la computación cuántica o la inteligencia artificial. Si no se solventa pronto, este hecho puede presentar graves implicaciones para la seguridad y la defensa de nuestra Unión. No debemos olvidar que el refuerzo de nuestro tejido industrial y la apuesta por la innovación configuran, en última instancia, la piedra angular de nuestra autonomía estratégica.

También es posible desear nuevos horizontes en el ámbito monetario y financiero. En este sentido, una prioridad central debe ser la ampliación de la zona euro, lo que permitiría consolidar el peso geoeconómico de la UE. En segundo lugar, la culminación de la Unión de Ahorros e Inversiones es un requisito indispensable para superar la fragmentación financiera y canalizar el ahorro europeo hacia la inversión productiva. Asimismo, es imprescindible avanzar, a largo plazo, hacia una capacidad fiscal centralizada que dote al euro de las herramientas necesarias para amortiguar *shocks* asimétricos y garantizar una estabilidad más perdurable.

Todo esto y mucho más es lo que debemos desear de cara al futuro, pero nuestros anhelos serán infructuosos si no los acompañamos con una actuación coherente y sólida. El futuro económico de España y Europa está en juego y la mejor manera de afrontarlo es seguir profundizando nuestros lazos mutuos e insistir en la integración como vía para superar los desafíos comunes. Nunca debemos olvidar la lección más valiosa que nos ha enseñado la historia que hemos escrito junto a la Unión Europea: somos más fuertes cuando caminamos juntos.

BIBLIOGRAFÍA

Aldecoa Luzarraga, Francisco y Camarero, Mariam (eds.) (2025): *España en la Unión Europea. Logros, límites y retos pendientes*, Madrid, Los Libros de la Catarata.

Calleja, Daniel (2025): Intervención de Daniel Calleja en el desayuno informativo del Fórum Europa, organizado por Nueva Economía Fórum, Hotel Mandarin Oriental Ritz, Madrid, 10 de diciembre.

Camarero, Mariam y Tamarit, Cecilio (coords.) (2023): *Economía de la Unión Europea*, 9ª edición, Cizur Menor, Civitas.

Carreras, Albert y Tafunell, Xavier (2010): *Historia económica de la España contemporánea (1789-2009)*, Barcelona, Crítica.

Defensa del deseo de seguridad compartida europea

JENNIFER BROWN MORENO*

Sumario: 1. Introducción. 2. Los deseos europeos en el ámbito de la defensa. 3. Los proyectos que reflejan la ambición defensiva europea. 4. La seguridad que conocemos: la Europa compartida. 5. Una Europa encaminada hacia un área de defensa y seguridad común. 6. Conclusión.

1. INTRODUCCIÓN

En su génesis, la Unión Europea (UE) fue concebida como una unión de voluntades nacionales cuya ambición era aunarse bajo un paraguas de cooperación económica y de valores y principios conjuntos donde la unión las llevaría a la fuerza. Por aquel entonces, España contaba con una democracia todavía joven, estructuras institucionales en formación, una economía necesitada de modernización y una sociedad deseosa de abrirse al mundo tras décadas de aislamiento autoritario al que fue sometida, siendo estas las características que la llevaron a apostar por el proyecto europeo con la esperanza de solventar todas estas vulnerabilidades. Esto le permitió no solo gozar de beneficios arancelarios y democráticos, sino que le abrió una puerta de posibilidades de cara a reforzar su propia defensa y seguridad nacional.

* Estudiante de Estudios Internacionales y colaboradora del CFEME.

Si bien la seguridad y la defensa no siempre han contado con mucha presencia en la agenda europea, en la última década se ha podido percibir un viraje en sus prioridades, pues ahora Europa atraviesa uno de sus momentos de mayor vulnerabilidad desde el final de la Guerra Fría. En el ámbito de la seguridad, múltiples amenazas asolan al continente, empezando por su principal socio comercial y defensivo: Estados Unidos bajo la segunda administración de Donald Trump. El desapego que el presidente norteamericano está demostrando hacia Europa se ha materializado en su postura reticente hacia la pertenencia de Estados Unidos a la Organización del Tratado del Atlántico Norte (OTAN) y las constantes críticas hacia la actuación europea, y más recientemente en su Estrategia de Seguridad Nacional de 2025, un documento en el cual adopta una orientación abiertamente confrontacional hacia la UE. La atención desviada de Washington hacia tierras chinas ha resultado en una menor destinación de recursos hacia Europa y en una desestimación de las capacidades del bloque.

Además de la crisis diplomática con su mayor aliado hasta la fecha, Europa enfrenta otra gran amenaza desde su flanco oriental: el imperialismo ruso. La confrontación directa contra Ucrania en febrero de 2022 no es más que la punta del iceberg de las intenciones de la Rusia moderna hacia el continente europeo, pues si bien estas agresiones comenzaron décadas atrás, el Kremlin tiene otros territorios europeos y no europeos en su punto de mira, véanse los países bálticos, los caucásicos y los Balcanes. Esto deja entrever que las estrategias rusas hacia estos territorios no cesarán en un futuro próximo, y estas intenciones quedan respaldadas por los ataques rusos hacia países miembros de la UE y de la OTAN, como los drones en Polonia y el ataque cibernético al aeropuerto de Copenhague.

Esto no se trata tan solo de una guerra ideológica de Oriente contra Occidente ni de prorrusos versus proeuropeos ni de autoritarismo frente a democracia, sino de la conformación de un nuevo escenario global en el que Europa tiene que aprender a desenvolverse para no únicamente proteger su propia defensa y seguridad interna, sino también para servir como garante de paz y democracia y proyectarlos al exterior. Durante años imaginamos una "Europa deseada" como un continente en paz, donde la integración económica bastaba para garantizar seguridad. Sin embargo, hoy sabemos que esa idea ya no es suficiente. La Europa que realmente compartimos es una Europa que debe saber protegerse.

2. LOS DESEOS EUROPEOS EN EL ÁMBITO DE LA DEFENSA

Al no haber sido concebida inicialmente como una unión defensiva, sino más bien económica, la UE delegó sus competencias defensivas en actores externos, activando diversos mecanismos defensivos y firmando tratados de defensa mutua, siendo el de mayor escala aquel vinculado a la OTAN. Sin embargo, Europa por fin ha comprendido que esto es insuficiente y que necesita adaptarse a los nuevos desafíos que el nuevo paradigma internacional le presenta. Para poder afrontarlos, la Europa deseada ha situado sus objetivos de autonomía estratégica como brújula y ha dejado guiar sus objetivos de seguridad y defensa por ellos.

Pese a mantener todavía lazos fuertes con la OTAN, Bruselas lleva desde 2017 impulsando diversos mecanismos en materia de defensa, véase el Libro Blanco, los proyectos PESCO, la Brújula Estratégica, el Fondo Europeo de Defensa, los instrumentos SAFE y las iniciativas de adaptación de la red TEN-T para la movilidad militar, sumados a la ya existente cláusula de defensa mutua recogida en el artículo 42.7 del Tratado de la Unión Europea (TUE). Estos instrumentos reflejan la voluntad de la Unión de dotarse de mayor coherencia estratégica, pero también ponen de manifiesto que el principal déficit europeo no reside tanto en la ausencia de compromisos políticos como en la falta de capacidad para hacerlos operativos con rapidez y eficacia. En este contexto, la consolidación de un verdadero Schengen Militar emerge como uno de los ámbitos más concretos y realistas de la Europa deseada: no como un paso hacia la sustitución de los marcos de defensa existentes, sino como un mecanismo habilitador destinado a eliminar los obstáculos administrativos, regulatorios y de infraestructura que aún dificultan el movimiento ágil de fuerzas, tropas, equipos y medios militares dentro del espacio europeo.

Para efectuar esta primera gran medida, es necesaria una doble acción entre la movilidad militar y la mejora de la industria militar europea acorde a las necesidades del sistema futuro. Para asegurarse de que ambos objetivos se consiguen complementariamente, la Comisión Europea emitió a mediados de noviembre de 2025 dos documentos para abordar respectivamente cada cuestión: el Paquete de Movilidad Militar y la Hoja de Ruta para la Transformación de la Industria de Defensa.

3. LOS PROYECTOS QUE REFLEJAN LA AMBICIÓN DEFENSIVA EUROPEA

A grandes rasgos, la importancia de ambos recae no solo en que están dirigidos a ofrecer resultados en el corto plazo (para el 2027), sino que marcarán el primer hito funcional de la defensa y seguridad europea más allá de la financiación hacia un sistema cuyas bases están bien cimentadas y consolidadas. Además, cabe destacar que ambos proyectos no parten de cero puesto que se aprovecharán otras herramientas desarrolladas previamente, demostrando así la capacidad de adaptación y flexibilidad de la UE. La UE tampoco pretende desvincularse de la OTAN en un futuro próximo pese a la tensa relación coyuntural con Estados Unidos: esta entidad ostenta todavía un puesto clave en lo que a provisión de seguridad se refiere, y la cooperación UE-OTAN supone una parte crucial para asegurar la óptima implementación y funcionamiento de los planes propuestos. Aquí, por tanto, vemos como Europa incluye a la OTAN en sus planes de futuro y como no pretende (ni puede) prescindir de sus socios atlantistas.

Específicamente, el ya mencionado Paquete de Movilidad Militar (o Military Mobility Package) aboga por la creación de un Área de Movilidad Militar (comúnmente denominada Schengen Militar), y constituye uno de los esfuerzos más concretos de la Unión por avanzar hacia una defensa europea más operativa. Está destinado a agilizar el movimiento transfronterizo de tropas, personal y material militar dentro del territorio de la UE. Inspirado por la urgencia en el tránsito de bienes y fuerzas militares ante la ofensiva rusa en Ucrania, el paquete está dirigido a resolver cuestiones orientadas a la praxis: marcos normativos fragmentados, infraestructuras inadecuadas y limitaciones logísticas.

Así, el documento identifica cuatro grandes obstáculos estructurales que limitan la movilidad militar en Europa: la persistencia de normativas nacionales divergentes, una infraestructura de transporte insuficientemente adaptada a necesidades militares, la vulnerabilidad frente a disrupciones, ciberataques y amenazas híbridas, y la escasez de medios de transporte estratégicos en los ámbitos terrestre, ferroviario y marítimo. Estas limitaciones afectan directamente a la credibilidad de la disuasión europea y a su capacidad de respuesta ante crisis. Para hacer frente a estos retos, el Military Mobility Package propone un enfoque integral de 360° que combina medidas regulatorias, inversión en infraestructuras y una mayor coordinación entre Estados miembros.

Con el horizonte puesto en el 2027, el plan introduce el desarrollo de un sistema de transporte de doble uso civil-militar, concebido para garantizar que el refuerzo de la movilidad militar no interfiera con la circulación civil, sino que genere sinergias y beneficios compartidos. En este sentido, la movilidad militar se presenta no como un ámbito aislado, sino como una política con impactos transversales. Asimismo, respeta plenamente la soberanía nacional, ya que la decisión sobre el tránsito de tropas extranjeras le sigue correspondiendo a cada Estado miembro. No obstante, aspira a crear un marco común que facilite y acelere dichas decisiones en situaciones de necesidad o emergencia, reduciendo fricciones administrativas y logísticas.

Finalmente, y como ya se ha mencionado anteriormente, el paquete no parte desde cero, sino que consolida y acelera iniciativas previamente existentes, como los Planes de Acción de 2018 y 2022, el Military Mobility Pledge acordado en 2024 y el proyecto PESCO sobre movilidad militar. A ello se suman cuestiones más secundarias como un énfasis renovado en la digitalización de procedimientos, la mejora de la coordinación administrativa entre Estados y la monitorización periódica del cumplimiento de objetivos y plazos. Como elemento de validación operativa, la Comisión prevé la realización de ejercicios conjuntos a partir de 2026, algunos de ellos en cooperación con la OTAN, con el fin de poner a prueba la eficacia, rapidez e interoperabilidad del sistema.

Por su parte, la Hoja de Ruta para la Transformación de la Industria de Defensa (o EU Defence Industry Transformation Roadmap: Unleashing Disruptive Innovation for Defence Readiness) constituye el segundo gran pilar operativo del esfuerzo europeo por reforzar su preparación y credibilidad en materia de defensa. Si la movilidad militar aborda la capacidad de desplegar fuerzas con rapidez, esta hoja de ruta se centra en la capacidad de producir, innovar y escalar capacidades militares al ritmo que exige el entorno estratégico actual.

Partiendo de la misma base que el Paquete de Movilidad Militar, nace de las vulnerabilidades internas percibidas durante la guerra en Ucrania, pues se observó como la industria de defensa sufría numerosos cambios para adaptarse a un tipo de conflicto moderno donde intervienen nuevas formas de ataque (ciberataques, ataques híbridos, etc.) y como la superioridad militar contemporánea depende no solo de sistemas complejos y avanzados, sino de la agilidad, la velocidad de adaptación y la capacidad de producción a escala, integrando tecnologías disruptivas de forma rápida y eficiente en cuanto a los costes. En este contexto, la Comisión subraya la necesidad de un cambio profundo de mentalidad, superando procedimientos heredados de tiempos de paz y situando la rapidez, la colaboración y una mayor asunción de riesgos en el centro de la política industrial de defensa europea.

La hoja de ruta identifica el auge de los denominados jugadores de la Nueva Defensa (New Defence Players), grupo que incluye *startups*, *pymes*, *small mid-caps* y *scaleups*, a menudo procedentes del ecosistema civil y de tecnologías de doble uso, como un vector clave de transformación de la Base Tecnológica e Industrial de la Defensa Europea (EDTIB). Estos nuevos actores, complementarios a la industria tradicional, introducen ciclos de innovación más cortos, arquitecturas modulares, soluciones basadas en software y modelos de producción más flexibles, elementos que resultan esenciales para adaptarse a un entorno de amenazas en rápida evolución.

Para alcanzar los objetivos propuestos, el documento propone un conjunto amplio de acciones agrupadas en cuatro ámbitos prioritarios: en primer lugar, apoyar todo el ciclo de inversión de las empresas de defensa, desde la fase inicial hasta el escalado industrial, mediante instrumentos financieros europeos y una mayor movilización de capital privado, evitando la dependencia de financiación externa que pueda comprometer los intereses estratégicos de la UE. En segundo lugar, reducir drásticamente el tiempo de llegada al mercado de nuevas tecnologías, facilitando el acceso a infraestructuras de ensayo, promoviendo modelos flexibles de fabricación y avanzando hacia una mayor armonización de los procesos de certificación y validación. En tercer lugar, la hoja de ruta aborda las dificultades de acceso a contratos públicos de defensa, especialmente para nuevos actores, proponiendo una transformación de la contratación desde una lógica puramente transaccional hacia una herramienta estratégica de inversión en capacidad industrial, resiliencia y soberanía tecnológica. Finalmente, el documento identifica la escasez de competencias y talento como un cuello de botella crítico, planteando iniciativas específicas de formación, reciclaje profesional y atracción de perfiles cualificados para sostener la ventaja tecnológica europea a largo plazo.

En conjunto, una movilidad militar más eficiente y una industria militar más ágil no solo refuerzan la defensa del territorio europeo y la credibilidad de sus compromisos de seguridad, sino que también aporta beneficios colaterales de carácter civil gracias a su claro énfasis en la creación de sistemas de uso dual. Por ello, el Military Mobility Package y el EU Defence Industry Transformation Roadmap pueden considerarse dentro de los primeros pasos firmes y tangibles hacia una defensa europea más integrada y centrada en la operatividad, sobre la que deben apoyarse los siguientes avances en el ámbito industrial y tecnológico.

4. LA SEGURIDAD QUE CONOCEMOS: LA EUROPA COMPARTIDA

En cambio, la Europa compartida no es todavía la Europa plenamente deseada, pero sí una Europa que ya actúa. La experiencia de lo acontecido en Ucrania ha marcado un antes y un después en la concepción colectiva de amenazas a la seguridad europea, y ha contribuido también a acelerar procesos que ya estaban iniciados. En este sentido, la UE no parte de cero, pues previamente a este estímulo integral de la defensa europea los Estados miembros ya compartían una serie de bases jurídicas y políticas de entre las cuales destaca la ya mencionada cláusula de defensa mutua del artículo 42.7 del TUE, así como marcos estratégicos más recientes como la iniciativa ReArm Europe y el objetivo de Preparación 2030, orientados a reforzar la preparación y las capacidades europeas.

En un marco cercado por estas orientaciones, el elemento que ha experimentado mayores avances y que ha recibido especial atención ha sido los diversos instrumentos de financiación activados por la Comisión destinados a apoyar la inversión en capacidades, la cooperación industrial y la preparación operativa. Además, están pensados para sufragar los gastos militares en complementación al gasto nacional de los Estados miembros.

Estos instrumentos se han articulado sobre mecanismos ya existentes, como el Fondo Europeo de Defensa (FED), dotado con cerca de 8.800 millones de euros para el intervalo 2021-2027 y orientado a financiar proyectos colaborativos de investigación y desarrollo en defensa, y se han visto reforzados por iniciativas adoptadas tras 2022 para responder a necesidades urgentes, como el Reglamento ASAP, aprobado en 2023 para acelerar la producción de munición en la Unión. Complementariamente, se promovió la adquisición común de productos de defensa mediante otro instrumento financiero aprobado en octubre de 2023, el instrumento temporal para el refuerzo de la industria europea de defensa mediante las adquisiciones en común (EDIRPA). El último gran hito fue el instrumento Acción por la Seguridad de Europa (SAFE), aprobado en mayo de 2025, el cual se destina a financiar inversiones urgentes y a gran escala en la base tecnológica e industrial de la defensa europea. Recientemente también se ha aprobado el acceso de Ucrania a dichos fondos, gracias a los cuales han conseguido reavivar su industria y aguantar la ofensiva rusa.

Asimismo, la UE puede y debe aprovechar estructuras ya existentes para habilitar la acción conjunta con la OTAN, evitando duplicaciones innecesarias. En el ámbito de la movilidad militar, los mecanismos desarrollados durante décadas en el marco aliado, en particular los sistemas de planificación, tránsito y despliegue rápido de fuerzas, constituyen una base operativa sobre la que se apoya el Military Mobility Package. Esta complementariedad permite que la UE avance en la eliminación de obstáculos administrativos y logísticos internos, al tiempo que refuerza la interoperabilidad con la Alianza Atlántica y mejora la capacidad de respuesta colectiva ante crisis, demostrando que la defensa europea se construye desde la cooperación práctica.

Finalmente, España ocupa un lugar geoestratégico privilegiado dentro de esta Europa compartida. Situada entre el Atlántico y el Mediterráneo, conectando el continente europeo con el norte de África y actuando como nodo clave para rutas marítimas, aéreas y terrestres, España reúne infraestructuras, capacidades militares y experiencia operativa esenciales para la movilidad y proyección de fuerzas. Este posicionamiento convierte al país en un actor particularmente bien situado para beneficiarse y contribuir a la inversión europea en defensa, reforzando así el vínculo entre la libertad conquistada en los últimos 50 años y una Europa que ya no solo se desea, sino que se construye y se comparte en el ámbito de la seguridad y la defensa.

Conjuntamente, estos avances reflejan una defensa europea que, sin sustituir las competencias nacionales ni los marcos de alianza existentes, se construye progresivamente a través de instrumentos compartidos y de una mayor capacidad de acción común, unos compromisos que favorecerán una ejecución más fluida del Military Mobility Package y el EU Defence Industry Transformation Roadmap. Asimismo, puede afirmarse que la defensa y la seguridad no son campos completamente ajenos a la UE en la medida en que su seguridad ha descansado históricamente en el vínculo transatlántico y en el papel de la OTAN como principal garante. No obstante, no ha sido hasta la última década cuando la seguridad y la defensa han pasado a ocupar un lugar central entre las prioridades de la agenda europea.

5. UNA EUROPA ENCAMINADA HACIA UN ÁREA DE DEFENSA Y SEGURIDAD COMÚN

La España que quiere seguir siendo libre y abierta necesita una Europa que pueda garantizar su propia seguridad. Y esa Europa, la Europa compartida, solo será posible si asumimos colectivamente que la defensa no divide ni implica directamente violencia, sino que funciona como medio protector de nuestra sociedad. En otras palabras, la defensa no es un fin en sí mismo, sino el instrumento que hace posible todo lo demás.

Si bien la Europa compartida va bien encaminada y cuenta con una base sólida para que las ambiciones de la Europa deseada florezcan, aún queda alguna tarea pendiente por completar, especialmente dentro del proyecto del Schengen Militar. En primer lugar, es necesaria una mayor integración política y toma de decisiones, pues, aunque el respeto a la soberanía nacional es innegociable, este no debería ser incompatible con una mayor centralización de la toma de mando para lograr implantar decisiones más eficientemente y movilizaciones más rápidas. Por otro lado, se debe de tener como un factor vital a considerar el avance desigual entre Estados, pue son solo es la predisposición a delegar competencias estatales lo que se debe tener en cuenta, sino también el hecho de que los dos proyectos base del Área de Movilidad Militar se implementen de manera homogénea sobre todo el territorio europeo. Aunque algunos países reaccionen escépticamente, el consenso sobre la necesidad de una mayor cooperación defensiva a nivel institucional es cada vez más unánime, pues se entiende como pilar de la seguridad económica, política y diplomática.

Si bien el Paquete de Movilidad Militar supone un gran avance en sí mismo, es necesario continuar en esta línea y fomentar estos proyectos, como ya ha se ha comprometido a hacer la UE al priorizar en su agenda la seguridad y la defensa.

6. CONCLUSIÓN

50 años después de la recuperación de la libertad y de la incorporación al proyecto europeo, España forma parte de una Unión que ya no puede concebir la seguridad como un elemento garantizado. La transformación del entorno estratégico, acelerada por la guerra en Ucrania y por un contexto internacional cada vez más competitivo, ha situado la defensa en el centro del debate europeo y ha obligado a la Unión a avanzar desde una Europa con predisposición hacia una Europa que ya actúa.

La autonomía estratégica europea debe entenderse como la capacidad de actuar de manera más coherente, rápida y eficaz dentro de un marco de cooperación. Iniciativas como el Military Mobility Package y la EU Defence Industry Transformation

Roadmap reflejan este enfoque pragmático, al centrarse en corregir déficits estructurales concretos: la movilidad de fuerzas dentro del espacio europeo y la capacidad industrial para sostener el esfuerzo defensivo. Ambos instrumentos constituyen avances tangibles hacia una defensa europea más operativa, creíble y resiliente.

En este proceso, España ocupa una posición geoestratégica clave. Su localización, infraestructuras y capacidades la sitúan como un actor relevante en la mejora de la movilidad militar y en la proyección de la seguridad europea, reforzando el vínculo entre su propia experiencia de libertad y la construcción de una defensa compartida. En última instancia, la defensa no es un fin en sí mismo, sino el instrumento que permite preservar la libertad, la estabilidad y los valores sobre los que se ha construido el proyecto europeo.

BIBLIOGRAFÍA

Chihaia, Mihai (2025): "Military Mobility a Critical Enabler", European Policy Center, 23 de junio, https://n9.cl/dlrtl6.

Consejo Europeo y Consejo de la Unión Europea (2025): "Financiación de la UE para la defensa", https://n9.cl/1lxfk.

European Commission (2025): "Communication from the Commission to the European Parliament and the Council: EU Defence Industry Transformation Roadmap: Unleashing Disruptive Innovation for Defence Readiness, 19 de noviembre, https://n9.cl/js8d7q.

High Representative of the Union for Foreign Affairs and Security Policy (2025): "Joint Communication to the European Parliament and the Council on Military Mobility", European Commission, 19 de noviembre, https://n9.cl/4gnoc.

Márquez de la Rubia, Francisco (2025): "IEEE. La Estrategia de Seguridad Nacional de los Estados Unidos (2025): análisis y comparativa con la ESN 2022", 10 de diciembre, https://n9.cl/tj4lbm.

Los derechos LGBTIQ+ en España y en la Unión Europea: pasado, presente y futuro de los derechos fundamentales

CÉSAR MORUJO MARUGÁN*

Sumario: 1. Introducción. 2. Violación sistemática de los derechos LGBTIQ+ en el franquismo. 3. Apertura gracias a la transición democrática y la adhesión a las comunidades europeas. 4. España como referente europeo LGBTIQ+. 5. Los derechos fundamentales como criterio de legitimación de la Unión Europea. 6. Movimiento anti-LGBTIQ+. 7. Futuro deseado: federalismo. 8. Conclusiones.

1. INTRODUCCIÓN

Hoy en día, España es uno de los países con mayores avances en materia de derechos LGBTIQ+ del mundo, y la Unión Europea representa el conjunto de países que, por lo general, conceden mayores protecciones a las personas del colectivo LGBTIQ+. No obstante, no ha sido solo un camino de largo recorrido, sino que la situación actual resulta convulsa para los derechos de este colectivo, con amenazas a sus derechos, pero también oportunidades, que merecen atención.

Por ende, en este capítulo presento un pequeño recorrido histórico que, recogiendo el lema "De la Europa deseada a

* Estudiante de Sociología y Relaciones Internacionales y colaborador del CFEME.

la Europa compartida", describe la época franquista como una época oscura y hostil para el colectivo, y la transición y la adhesión de España a la Unión Europea como puntos de partida para la construcción conjunta de la protección de los derechos LGBTIQ+. En efecto, desde la transición a la democracia en España a finales de la década de los setenta, el colectivo LGBTIQ+ ha pasado, de manera comparativamente rápida y duradera, de una situación de criminalización, estigmatización y exclusión, a un creciente reconocimiento de derechos y una amplia aceptación y visibilidad social.

2. VIOLACIÓN SISTEMÁTICA DE LOS DERECHOS LGBTIQ+ EN EL FRANQUISMO

La época franquista supuso un momento de recesión en derechos LGBTIQ+ en España. En este sentido, la Segunda República abrió la puerta al avance de las libertades sexuales con la instauración del Código Penal republicano que eliminó cualquier mención a la homosexualidad de entre las conductas tipificadas como delito. Si bien no se concretó en políticas concretas para la plena equiparación de las personas independientemente de su orientación sexual, sí que se dieron algunos pasos para acabar con su discriminación.

El estallido de la Guerra de España tras el Golpe de Estado militar supuso un portazo a los avances de los derechos humanos, en general, y LGBTIQ+ en particular. Aparte de los homosexuales, lesbianas y trans muertos, exiliados, condenados y encerrados, se implantó un régimen caracterizado por la represión y la censura que volvió a considerarlos delincuentes. En efecto, el 15 de julio de 1964 el régimen franquista modificó la Ley de Vagos y Maleantes, creada en 1933 bajo gobierno republicano, añadiendo como delito la homosexualidad, criminalizando a los homosexuales (y, por ende, al resto de personas del colectivo). En este sentido, aproximadamente más de 5.000 personas fueron detenidas por actos o actitudes gais, lésbicas o transexuales durante el franquismo[1].

Más adelante, en 1970, la Ley de Vagos y Maleantes fue derogada y sustituida por la Ley de Peligrosidad y Rehabilitación Social que, si bien era similar, incluía además penas de hasta cinco años de internamiento en cárceles o manicomios para los homosexuales e incluía el enfoque de "curar la homosexualidad". Se crearon así dos centros de detención en Badajoz y Huelva, además de la Colonia Agrícola Penitenciaria de Tefia y algunas cárceles tenían zonas reservadas para homosexuales. En estos sitios se practicaba terapias de aversión, trabajos forzosos e, incluso, lobotomías para tratar de curar a homosexuales. De esta manera, la homosexualidad se definía como una categoría de identidad patológica y, por ende, enemiga del carácter social.

El régimen franquista no toleró las actitudes homosexuales (y trans) y, más allá de las leyes, la represión policial, las redadas, la dificultad para encontrar trabajo, las extorsiones y la violencia física, se instrumentalizó la cultura y la educación para condenar a las personas LGBTIQ+ al exilio interior, la marginación y, en definitiva, la carencia de libertad para poder expresarse. A pesar de ello, la capacidad de agencia de cada individuo hizo que se creasen resistencias a los modelos normativos vigentes, que no cabe olvidar[2].

3. APERTURA GRACIAS A LA TRANSICIÓN DEMOCRÁTICA Y LA ADHESIÓN A LAS COMUNIDADES EUROPEAS

La transición democrática en España brindaba una oportunidad para la apertura en término de derechos LGBTIQ+, a lo que se sumaría la aspiración de adherirse a las Comunidades

1. Según el recuento de Antoni Ruiz, presidente de la Asociación de Expresos Sociales.
2. Véase Gahete Muñoz (2021).

Europeas, que precisamente empezaban a recorrer el camino de los derechos fundamentales. De esta manera, el recorrido paralelo de derechos LGBTIQ+ ha impactado de manera importante en la vida de las personas *queer* españolas, con iniciativas tanto propias como europeas, con dinámicas tanto descendentes como ascendentes, conformando así el proceso de "europeización".

De esta manera, resulta interesante hacer un breve recorrido histórico (no exhaustivo) de los avances en derechos LGBTIQ+ en España y la UE y, sobre todo, poder entrever la dinámica de desarrollo de estos derechos en los últimos 50 años de España en libertad.

La transición democrática, y la importante Ley para la Reforma Política de 1977 abrió la puerta al avance en materia de derechos LGBTIQ+, pero no sería hasta 1979 cuando se reformaría la Ley de Peligrosidad y Rehabilitación Social, eliminando la referencia a la homosexualidad. No obstante, la continuidad del Código Penal franquista hizo que la persecución al colectivo no frenase, en particular debido al delito de escándalo público, hasta que fue derogado en 1995.

Por su parte, la por entonces Comunidad Económica Europea adoptaba las primeras iniciativas normativas a nivel europeo. Destaca así la sentencia del Tribunal Europeo de Derechos Humanos de 1981 en el caso Dudgeon contra el Reino Unido. El fallo dictaba que criminalizar las relaciones sexuales consentidas entre adultos violaba el derecho a la vida privada recogido en el artículo 8 del Convenio Europeo de Derechos Humanos. Esta sentencia inspiró la resolución sobre la discriminación sexual en el lugar de trabajo de 1984, el primer texto europeo donde se abordaba la materia de manera explícita.

Así empezaba el paulatino avance europeo en la protección de los derechos LGBTIQ+ en tanto que derechos fundamentales. Destaca en este sentido el programa Europa contra el SIDA (1991-1993), aprobado por el Consejo de la UE; la directiva en materia de igualdad en el empleo de 2002, que prohibía por primera vez de forma expresa la discriminación por orientación sexual en el trabajo; la Directiva 2011/95/UE87, que reconoce la persecución por orientación sexual o identidad de género como motivo válido de asilo; la Directiva 2012/29/UE88, que establece normas mínimas para proteger a las víctimas de delitos, reconociendo explícitamente la violencia motivada por la identidad o expresión de género como violencia de género; la resolución de 2014 sobre la hoja de ruta de la UE contra la homofobia y la discriminación por motivos de orientación sexual e identidad de género; y, por último, la Estrategia para la Igualdad de Personas LGBTIQ+ 2020-2025, adoptada por la Comisión en noviembre de 2020, siendo la primera estrategia dedicada íntegramente a los derechos LGBTIQ+[3].

Por ende, la adhesión de España a la Unión Europea abrió el horizonte de posibilidades no solo para la mejora económica y la consolidación del Estado de derecho, sino que también para el avance de los derechos LGBTIQ+. Representó, en este sentido, un punto de inflexión crucial: "Pertenecer a Europa fue siempre algo más que una ambición económica, significaba avanzar en derechos, y esa aspiración se convirtió en palanca"[4].

En lo que respecta a España, en poco tiempo se dio un cambio sustancial en la opinión pública española, alcanzando rápidamente la media europea en términos de aceptación de la diversidad sexual y de género. En efecto, durante las dos primeras épocas después de la adhesión fue la influencia de la UE la que lideró el avance en derechos LGBTIQ+, a través de su legislación vinculante, el poder normativo sobre todo del Parlamento Europeo y el ejemplo de otros Estados miembros más avanzados. Esto se tradujo en hitos fundamentales, como la despenalización de la homosexualidad, la promoción de la igualdad y no discriminación en el empleo, la creciente protección frente a los discursos y delitos de odio y el gradual reconocimiento de las familias LGBTIQ+. A ello se suma la integración del activismo

3. Véase FELGBT (2025).
4. Palabras de María Andrés, directora de la Oficina del Parlamento Europeo en España.

LGBTIQ+ español en las redes europeas (como ILGA-Europa), lo que incrementó su incidencia política.

4. ESPAÑA COMO REFERENTE EUROPEO LGBTIQ+

A mediados de los 2000, España dejó de seguir los pasos de la UE y empezó a ejercer un liderazgo propio, convirtiéndose en un referente tanto europeo como global. España pasó así de adaptar los estándares europeos en materia de derechos LGBTIQ+ a liderar cambios legislativos fuertes, como las fundamentales leyes sobre el matrimonio igualitario de 2005 y la Ley de Identidad de Género de 2007. A ello se sumarían numerosas medidas y leyes en pro del compromiso con los derechos LGBTIQ+.

Asimismo, el movimiento LGBTIQ+ en España se ha servido de la legislación y la legitimidad de la UE cuando ha sido necesario. Se ha apoyado especialmente en directivas, estrategias y resoluciones del Parlamento Europeo, además de la Carta de los Derechos Fundamentales, para sacar adelante iniciativas que van más allá de lo exigido. A este respecto destaca la adopción, a principios de la década de 2020, de una batería de leyes pioneras, de entra las que destaca la Ley 4/2023 para la igualdad real y efectiva de las personas trans y para la garantía de los derechos LGBTIQ+ que consagra, entre otros aspectos, la autodeterminación de género, prohíbe expresamente las terapias de conversión y refuerza la protección de la infancia y las familias LGBTIQ+.

En resumen, el recorrido histórico en términos jurídicos, políticos y sociales de España en relación con los derechos LGBTIQ+ desde su entrada a la UE hasta la actualidad manifiesta una evolución rápida y, sobre todo, sostenida en el tiempo, desde una postura de criminalización y exclusión a un reconocimiento de derechos y una amplia aceptación y visibilidad social. Y, lo más importante de todo, es una trayectoria marcada por la influencia mutua entre el Estado español y las instituciones europeas.

5. LOS DERECHOS FUNDAMENTALES COMO CRITERIO DE LEGITIMACIÓN DE LA UNIÓN EUROPEA

Un factor crucial que explica el papel de la Unión Europea en el pasado, presente y, potencialmente, futuro del avance de los derechos LGBTIQ+ es la noción de los derechos fundamentales como criterio de legitimación del sistema de la Unión Europea.

En efecto, actualmente el artículo 2 del Tratado de la UE presenta los principales valores: el respeto de la dignidad humana, la libertad, la democracia, la igualdad, el Estado de derecho y el respeto de los derechos fundamentales, incluidos los derechos de las personas pertenecientes a minorías. El respeto de los derechos humanos y, por ende, el de los derechos LGBTIQ+ se erige como una de las obligaciones fundamentales de la UE.

No obstante, esto no fue una realidad desde los orígenes de la Unión Europea. En efecto, la preocupación por potenciales violaciones de los derechos humanos no estaba en la mente de los fundadores, ya que se establecía la base de una organización económica. A pesar de ello, ha habido una progresiva integración de la defensa de los derechos humanos en las instituciones comunitarias, especialmente a raíz de que el Tribunal de Justicia de la Unión Europea abriese progresivamente su protección judicial a alegaciones fundadas en la violación de derechos fundamentales.

Así, a medida que la Unión Europea recorría el camino hacia una comunidad política, los derechos fundamentales se fueron incluyendo primero como criterio de legalidad y, posteriormente, como criterio de legitimación del sistema mismo. Esto último se concretaba ya en el Tratado de Maastricht de 1992 pero se fortaleció con la entrada en vigor de la Carta de Derechos Fundamentales de la Unión Europea en 2009 (junto con el Tratado de Lisboa) como uno de los cuatro Tratados constitutivos de la UE.

En definitiva, la defensa de los derechos humanos, incluyendo los derechos LGBTIQ+, se defiende desde la UE ya no solo como obligación, sino como criterio de fundamentación de la Unión, atravesando toda su actuación. Esto confiere a los DDHH un estatus especial que culmina esa Europa deseada, una Europa que no se limita al progreso económico, sino que busca crear un espacio de paz, donde el compromiso con los derechos humanos no se limita a una mera obligación jurídica convencional.

6. MOVIMIENTO ANTI-LGBTIQ+

Una vez planteado el recorrido histórico y la noción de la Unión Europea como bastión de los derechos humanos y LGBTIQ+, resulta imprescindible esbozar el panorama actual, siendo este un clima caracterizado por amenazas a los derechos de las personas *queer*, pero también de oportunidades para blindar sus derechos.

A pesar de los grandes avances logrados a nivel europeo y español, la actualidad del colectivo LGBTIQ+ es la de enfrentar desafíos importantes a su protección jurídica y a su aceptación y visibilidad social. Esto deriva de fenómenos reaccionarios como lo son el auge de la extrema derecha, los movimientos antigénero y los discursos transexcluyentes de grupos autopercibidos como feministas. A tal respecto, el informe realizado por ILGA-Europe en 2025[5] constató que persisten profundas desigualdades en la mayoría de países europeos, y arroja datos preocupantes: las legislaciones anti LGBTIQ+ han prosperado en distintos países, los delitos de odio se han exacerbado (especialmente aquellos dirigidos a la comunidad trans) y la implantación de medidas antiprotesta ha provocado una erosión de derechos crucial.

Ciertamente, a mediados de los 2010 emergió la oposición a los derechos LGBTIQ+ por parte de actores antigénero, que movilizaron una intensa campaña de movilización contra

5. Véase ILGA-Europe (2025).

la resolución de 2014 sobre la hoja de ruta de la UE contra la homofobia y la discriminación por motivos de orientación sexual e identidad de género. El grupo Europa de la Libertad y Democracia presentó una moción alternativa y se organizaron manifestaciones bajo el lema "Bruselas, deja en paz a nuestros hijos". Emergía, de este modo, una reacción anti-LGBTIQ+ que se ha ido extendiendo hasta nuestros días, con movimientos reaccionarios relativamente fuertes en toda Europa.

En efecto, se está faltando a la responsabilidad de favorecer la diversidad, utilizando los prejuicios contra las personas LGBTIQ+ para avanzar en sus agendas e intereses. Se lleva años dando, en este sentido, una "instrumentalización del odio" que ataca a los valores y principios de la UE. Ejemplos paradigmáticos de ello son Hungría y Polonia, que ya en 2021 implantaron medidas que vulneraban los derechos de las personas LGBTIQ+.

Hungría aprobó una ley en junio de 2021 que prohibía o limitaba el acceso de las personas menores de 18 años a contenidos que promuevan la "divergencia con respecto a la identidad personal correspondiente al sexo en el momento del nacimiento, el cambio de sexo o la homosexualidad". También existió una polémica en enero de 2021 cuando la Autoridad Húngara de Protección de los Consumidores obligó al editor de un libro para menores en el que aparecían personas LGBTIQ+ a incluir una advertencia sobre que el libro describe formas de "comportamiento que se desvían de los roles de género tradicionales". Por su parte, varias regiones polacas, a partir de 2019, adoptaron resoluciones sobre la creación de "zonas libres de la ideología LGBT", y el Gobierno polaco obstaculizó la capacidad de la Comisión para ejercer sus competencias.

La actuación de ambos países provocó que la Comisión Europea emprendiese acciones legales contra ambos países por vulneraciones de los derechos LGBTIQ+. No obstante, el retroceso en estos derechos no frenó, y en abril de 2025 el país liderado por Viktor Orbán volvió a atentar legislativamente contra la comunidad *queer*, mediante la aprobación de una ley que prohibía la celebración pública de actos celebrados por la comunidad LGBTIQ+, entre los que destaca el desfile del Orgullo. A ello se sumaría la enmienda constitucional que reconoció la existencia de dos sexos, negando las identidades trans e intersexuales.

La otra cara de la moneda de esta reacción anti LGBTIQ+ en Europa sería, de esta manera, la respuesta que ha dado la Unión Europea, y sus Estados miembros, a estas amenazas. Destaca a este sentido la reciente sentencia del Tribunal de Justicia de la Unión Europea del 25 de noviembre de 2025. Esta dicta que las uniones igualitarias deben ser reconocidas en todos los países del territorio de la Unión, aunque las legislaciones nacionales no lo incluyan. De esta manera, la universalidad del matrimonio igualitario, lucha fundamental para la comunidad LGBTIQ+, queda blindada por el tribunal, y su incumplimiento supondría una multa al Estado infractor.

Este fallo reafirma la esencia del proyecto europeo donde los derechos fundamentales no son negociables. Al fin y al cabo, estos derechos gozan de una protección que se debe anteponer a singularidades nacionales, y esta sentencia demuestra que Europa sigue siendo un territorio de derechos y libertades. En efecto, el TJUE sienta un precedente importante que, pese a no ser insólito, debe marcar el proceder de las instituciones europeas en este clima reaccionario.

7. FUTURO DESEADO: FEDERALISMO

La situación actual de la protección de los derechos LGBTIQ+ en el seno europeo es de envidiar, si bien las amenazas recientes deberían responderse con más Europa, no con menos. En este sentido, María Andrés[6] afirma que esta situación requiere una postura proactiva, y no meramente reactiva, que enfrente la oposición anti-LGBTIQ+. La hoja de ruta debe consistir, entonces, en anticiparse, educar, legislar y actuar, y esta es una

6. Directora de la Oficina del Parlamento Europeo en España.

labor que tanto España como la UE han demostrado ser capaces de liderar.

A nivel legislativo, la política social es una competencia compartida entre la Comisión y los Estados nacionales. Esto, en principio, se puede considerar como un logro, puesto que supone que las instituciones europeas pueden dotar de normas vinculantes a los Estados miembros. No obstante, también tiene sus limitaciones, siendo la principal que la Carta no sustituye a las legislaciones nacionales en este ámbito, sino que las complementa. Y, por ello, pueden existir entre los Estados miembros divergencias en el desarrollo de los derechos fundamentales y, por ende, en los derechos LGBTIQ+.

Así, existen procedimientos e instancias importantes para la defensa de los derechos fundamentales[7], pero sigue recayendo sobre los Estados miembros la última palabra en la aplicación, implantación y control de las medidas para la protección de las personas LGBTIQ+, especialmente en aquellos ámbitos que son competencia de los Estados.

Es por esto por lo que considero, a título personal, que no puede darse una Unión Europea comprometida *de facto* con los derechos de las personas *queer* si existen movimientos políticos y sociales reaccionarios y de extrema derecha que impregnan tanto los Gobiernos de los Estados miembros como las instituciones de la UE. De esta manera, me gustaría recoger la noción de la defensa de los derechos fundamentales como criterio de legitimación del sistema europeo para llamar la atención sobre cómo esto se está poniendo en duda. Si la principal fortaleza de la UE es su potencia normativa y su *soft power*, no podemos permitir que se pierda esa cuasi esencia de la comunidad política europea.

A fin de cuentas, se está atacando una de las bases fundamentales de la Unión Europea, y creo que una potencial respuesta que pueda defender el papel de la UE en el ámbito de los derechos LGBTIQ+ (y de los derechos fundamentales en

7. Véase Parlamento Europeo (2022).

general) es el horizonte federalista. En este sentido, las violaciones de derechos no deberían responderse con sanciones o multas que, por lo menos en el caso húngaro, parecen caer en saco roto. Por el contrario, se debe avanzar hacia una mayor integración que confiera a la Comisión los poderes suficientes para garantizar la defensa de estos derechos.

Esa deseada autonomía estratégica no puede surgir de la mera colaboración voluntaria de los países miembros, sino de una organización centralizada con capacidad de toma de decisiones y de ejecución y control de esas decisiones. A tal respecto, la sentencia del TJUE sobre el matrimonio igualitario podría servir como punto de inflexión para caminar hacia esa Europa federalista, sirviendo así la defensa de los derechos fundamentales no solo como base de la UE sino también como vector en la construcción de una Europa fuerte, autónoma y federalista; esa nueva "Europa deseada".

8. CONCLUSIONES

Para concluir este capítulo, me gustaría recuperar el lema "De la Europa deseada a la Europa compartida" para sintetizar la evolución de los derechos LGBTIQ+ en España durante estos 50 años de democracia y plantear la futura Europa deseada.

El punto de partida era una España sumida en un régimen opresivo, donde los derechos de las personas LGBTIQ+ eran sistemáticamente violados, por lo que el deseo sería de una España libre y respetuosa con los derechos LGBTIQ+. El vehículo de esta liberalización fue, en parte, la adhesión a la Unión Europea, que expandió el horizonte de posibilidades de las personas *queer*, cumpliendo ese deseo y conformando una Europa compartida que culminó el blindaje de los derechos fundamentales, incluyendo los derechos LGBTIQ+, con la adopción de la Carta Fundamental de los Derechos Humanos en 2007.

Esta Europa compartida, sin embargo, no ha terminado su recorrido en el proceso de integración. Así, si bien se ha logrado la configuración de una comunidad política y económica supranacional y compartida, los derechos LGBTIQ+ siguen sin tener un completo amparo en la UE. Se plantea así la posibilidad de avanzar hacia una comunidad europea federal, que resulte efectiva en la plena defensa de las personas LGBTIQ+.

BIBLIOGRAFÍA

Bonache Córdoba, Gustavo (2024): "¿Cuándo se penalizó la homosexualidad en España? Hacemos un repaso", Amnistía Internacional, https://n9.cl/d3mxi.

Comisión Europea (2021): "Valores fundacionales de la UE: La Comisión emprende acciones legales contra Hungría y Polonia por vulneraciones de los derechos fundamentales de las personas LGBTIQ", Zona de Prensa, Comisión Europea, https://n9.cl/hmoal.

Duncan, Eva (2025): "Derechos LGBT en Europa: el mapa que muestra la situación de cada país", *Condé Nast Traveler*, https://n9.cl/jj9muf.

Europa Press (2025): "La Eurocámara insiste en que el Estado de derecho en Hungría está en riesgo y afea la inacción de los 27", Europa Press, https://n9.cl/4yh5o.

Federación Estatal de Lesbianas, Gais, Tans y Bisexuales (FELGBT) (2025): *40 años de España en la UE: De la adhesión a la igualdad en derechos LGBTI+*, https://n9.cl/6tda97.

Fernández, Jonás (2025): "La Europa que tenemos y la que está de camino", *La Nueva España*, https://n9.cl/jdlnu.

Gahete Muñoz, Soraya (2021): "Ser homosexual durante el franquismo. Su rastro en los expedientes del Juzgado Especial de Madrid para la aplicación de la Ley de Vagos y Maleantes (1954-1956)", *Cuadernos de Historia Contemporánea*, 43, pp. 185-200.

ILGA-Europe (2025): *Annual review of the human rights situation of lesbian, gay, bisexual, trans and intersex people in Europe and Central Asia, ILGA-Europe*, https://n9.cl/ot6lk.

Liboreiro, Jorge (2025): "Los países de la UE critican la prohibición del Orgullo Gay en Hungría", https://n9.cl/egrld.

Martín, Araceli (2008): "Evolución del respeto a los derechos humanos en la Unión Europea (teoría y práctica ante los nuevos desafíos del terrorismo)", *Agenda Internacional*, 15(26), pp. 17-36.

Mora Gaspar, Víctor (2019): "Rastros biopolíticos del franquismo. La homosexualidad como 'peligrosidad social' según las sesiones de la Comisión de Justicia española en 1970", *Revista Historia Autónoma*, 14, pp. 173-193.

Parlamento Europeo (2022); "Hungría ya no puede considerarse una democracia plena, según el Parlamento", Noticias, Parlamento Europeo, https://n9.cl/otk4tq.

— (2025): "Los derechos fundamentales en la Unión Europea", https://n9.cl/f66hz.

Peribáñez Blasco, Elena (2021): "Evolución de la normativa y la jurisprudencia sobre los derechos de las personas LGBTI+", *Revista Universitaria Europea (RUE)*, 37, pp. 73-106, https://n9.cl/erpxi.

Santos, Roberto (2024): "La homosexualidad en España, antes y después de la Segunda República. Especial Segunda República, *NR. Periodismo alternativo*, https://n9.cl/q7nzq.

DEL TERRITORIO DESEADO AL TERRITORIO COMPARTIDO

CRISTINA CRAMER VIDORRETA*

Sumario: 1. Introducción 2. Cohesión, integración e integridad territorial 3. La Europa que se deseaba: la cohesión territorial como imperativo político (1988). 4. La Europa conseguida: marco jurídico y praxis transfronteriza. 5. Integridad territorial y el dilema de Schengen. 6. La Europa que se desea (2021-2027): hacia una cohesión verde e inteligente. 7. Conclusiones.

1. INTRODUCCIÓN

La construcción europea ha sido, desde sus orígenes, un proyecto profundamente territorial, aunque esta dimensión haya quedado con frecuencia subordinada a narrativas centradas en la integración económica o jurídica. Desde los primeros pasos de las Comunidades Europeas, el territorio ha operado no solo como soporte físico de la actividad económica, sino como espacio político en el que se articulan relaciones de poder, desigualdades estructurales y formas de pertenencia colectiva (Agnew, 2005). La eliminación de fronteras internas, la creación del mercado único y la libre circulación han transformado de

* Estudiante del Máster de Relaciones Internacionales: Gobernanza Global y Estudios Regionales; y Colaboradora del CFEME.

manera sustantiva la geografía europea, generando nuevas dinámicas espaciales que han exigido respuestas políticas cada vez más complejas.

En este contexto, la Unión Europea (UE) se ha visto obligada a gestionar tensiones territoriales persistentes. El funcionamiento del mercado interior ha tendido a concentrar el crecimiento en determinados polos económicos, mientras amplias regiones periféricas, rurales o afectadas por procesos de desindustrialización han experimentado trayectorias de estancamiento relativo (Pinder, 1980; Cappellin, 2007). Estas disparidades no solo plantean un problema de eficiencia económica, sino que inciden directamente en la legitimidad política del proyecto europeo, al afectar de forma desigual a ciudadanos y territorios (Rodríguez-Pose, 2018).

Partiendo de esta constatación, el artículo se articula en torno a una pregunta central: ¿ha logrado la Unión Europea transformar el territorio en un espacio políticamente integrado y compartido, o sigue siendo la cohesión territorial un mecanismo destinado principalmente a contener las tensiones estructurales derivadas del proceso de integración? Plantear esta cuestión resulta necesario porque las crisis recientes, financiera, migratoria, sanitaria y climática, han puesto de manifiesto la fragilidad de algunos de los logros más emblemáticos de la integración, en particular la libre circulación y la cooperación transfronteriza (Börzel y Risse, 2018).

La principal aportación teórica de este trabajo consiste en proponer un marco analítico que concibe la territorialidad europea como una tríada en tensión formada por la cohesión territorial, la integración territorial y la integridad territorial. Estas dimensiones, lejos de ser complementarias de manera automática, interactúan de forma conflictiva y permiten explicar tanto los avances como las regresiones del proyecto europeo. A través de este enfoque, el artículo analiza la evolución de la integración territorial en la UE siguiendo tres momentos, la Europa deseada, la Europa conseguida y la Europa que aún se desea, combinando el análisis jurídico, político y empírico de las políticas de cohesión, la gobernanza multinivel y las prácticas de cooperación transfronteriza.

2. COHESIÓN, INTEGRACIÓN E INTEGRIDAD TERRITORIAL

Durante las décadas posteriores a la Segunda Guerra Mundial, la integración europea se desarrolló bajo una lógica predominantemente funcionalista, según la cual la cooperación económica progresiva generaría interdependencias capaces de garantizar la paz y la estabilidad en el continente (Mitrany, 1943; Haas, 1958). Sin embargo, esta concepción tendió a infravalorar una dimensión clave del proceso: el impacto territorial asimétrico del crecimiento económico. Lejos de distribuirse de manera homogénea, los beneficios del mercado común se concentraron en determinados polos industriales y urbanos, configurando una geografía del desarrollo profundamente desigual.

La literatura geográfica y regional identificó tempranamente este fenómeno. El eje central de desarrollo europeo, conocido como la Banana Azul, se consolidó como espacio privilegiado de acumulación de capital, innovación y empleo cualificado, mientras amplias regiones rurales, periféricas o en declive industrial quedaban progresivamente marginadas de las dinámicas de crecimiento (Brunet, 1989). Esta configuración centro-periferia no solo tenía implicaciones económicas, sino también políticas, al amenazar con generar una integración a distintas velocidades y una percepción creciente de exclusión territorial.

En este contexto, la cohesión territorial comenzó a perfilarse como un imperativo político para la supervivencia del proyecto europeo. Como subrayó Pinder (1980), un mercado único sin mecanismos de corrección regional corría el riesgo de socavar su propia legitimidad social. La integración económica, lejos de neutralizar las desigualdades espaciales, tendía a amplificarlas, haciendo necesaria una intervención pública deliberada. La cohesión dejó así de entenderse como un gesto solidario accesorio y pasó a concebirse como una condición funcional para el éxito del mercado interior.

El punto de inflexión llegó con la reforma de los fondos estructurales de 1988, impulsada bajo la presidencia de Jacques Delors. Esta reforma supuso una transformación cualitativa de la política regional europea, tanto en términos financieros como conceptuales. La introducción de los principios de concentración, programación plurianual, adicionalidad y partenariado dotó a la cohesión de una lógica estratégica y territorial coherente (Bachtler y McMaster, 2007). Por primera vez, la Comunidad Europea asumía de forma explícita que el territorio debía ser objeto de una política propia, capaz de equilibrar los efectos desiguales del mercado.

La "Europa que se deseaba" en 1988 era, por tanto, una Europa consciente de que la integración no podía sostenerse únicamente sobre la eficiencia económica. La cohesión territorial emergía como el contrapeso político necesario para garantizar que el proyecto europeo no se percibiera como una maquinaria generadora de ganadores y perdedores territoriales, sino como un espacio de oportunidades compartidas.

3. LA EUROPA QUE SE DESEABA: LA COHESIÓN TERRITORIAL COMO IMPERATIVO POLÍTICO (1988)

Las décadas posteriores a la reforma de 1988 estuvieron marcadas por la progresiva institucionalización de la dimensión territorial de la integración europea. Si en un primer momento la cohesión operó principalmente como política redistributiva, con el tiempo fue adquiriendo un reconocimiento jurídico y político más profundo. Este proceso culminó con la entrada en vigor del Tratado de Lisboa en 2009, que incorporó explícitamente la cohesión territorial como uno de los objetivos fundamentales de la Unión.

Los artículos 174 a 178 del Tratado de Funcionamiento de la Unión Europea establecen el mandato de promover un desarrollo armonioso del conjunto del territorio, prestando especial atención a las regiones con desventajas estructurales permanentes, como las zonas rurales, insulares, de montaña o transfronterizas (Unión Europea, 2012). Este reconocimiento supuso un avance significativo, al situar el territorio al mismo nivel que la cohesión económica y social, y al legitimar la intervención europea en ámbitos tradicionalmente asociados a la soberanía estatal.

Desde una perspectiva de gobernanza, esta evolución reforzó el modelo de Gobierno multinivel, característico de la Unión Europea. La política territorial pasó a concebirse como una responsabilidad compartida entre instituciones europeas, Estados miembros y autoridades regionales y locales, en línea con los principios de subsidiariedad y partenariado (Hooghe y Marks, 2001). El territorio dejaba de ser un mero receptor pasivo de políticas sectoriales para convertirse en un espacio de interacción política entre múltiples escalas de poder.

Esta "Europa conseguida" se manifiesta de forma especialmente visible en las regiones transfronterizas, donde la integración territorial ha adquirido una dimensión cotidiana. Las eurociudades constituyen uno de los ejemplos más elocuentes de esta transformación. Iniciativas como la Eurociudad Chaves-Verín o la Eurocidade Cerveira-Tomiño han demostrado que es posible superar la frontera como barrera administrativa y construir espacios funcionales compartidos en ámbitos como los servicios públicos, la movilidad, la cultura o la gestión ambiental (Perkmann, 2003).

Estas experiencias, apoyadas en instrumentos como las Agrupaciones Europeas de Cooperación Territorial (AECT) y los programas INTERREG, ilustran una integración territorial "desde abajo", basada en la cooperación pragmática y en la resolución conjunta de problemas comunes. Más allá de su impacto material, las eurociudades contribuyen a la construcción de una identidad territorial europea, al permitir que la ciudadanía experimente la integración no como una abstracción institucional, sino como una realidad vivida.

4. LA EUROPA CONSEGUIDA: MARCO JURÍDICO Y PRAXIS TRANSFRONTERIZA

Junto a la cohesión y la integración, la integridad territorial constituye la tercera dimensión fundamental de la territorialidad europea. Este concepto remite a la preservación del espacio europeo como una unidad continua y segura, y encuentra su expresión más emblemática en el Espacio Schengen. La supresión de controles en las fronteras interiores transformó de manera radical la geografía política del continente, consolidando la libre circulación de personas como uno de los pilares más visibles de la integración (Walters, 2002).

Desde una perspectiva territorial, Schengen permitió la emergencia de regiones funcionales transfronterizas y mercados laborales integrados, reforzando las dinámicas de cooperación descritas en el apartado anterior. La frontera dejó de ser un límite rígido para convertirse en un espacio de interacción, especialmente en áreas donde las relaciones sociales y económicas precedían a la integración formal.

Sin embargo, el funcionamiento de Schengen también ha puesto de manifiesto las tensiones inherentes al proyecto europeo. Las crisis migratorias de 2015 y sanitaria de 2020 activaron reflejos defensivos por parte de los Estados miembros, que recurrieron a la reintroducción temporal de controles fronterizos internos. Este fenómeno de *re-bordering* evidenció la fragilidad de la integridad territorial europea y la persistencia de lógicas soberanas nacionales en contextos de crisis (Börzel y Risse, 2018).

Las consecuencias de estas decisiones fueron especialmente visibles en las regiones transfronterizas. El cierre de fronteras interrumpió prácticas cotidianas de cooperación y movilidad, afectando directamente a trabajadores, familias y servicios compartidos. Estos episodios pusieron de relieve que la integración territorial, aunque avanzada, sigue siendo vulnerable a decisiones unilaterales y que la integridad del espacio europeo no está plenamente garantizada.

5. INTEGRIDAD TERRITORIAL Y EL DILEMA DE SCHENGEN

Resulta crucial distinguir entre dos conceptos fonéticamente similares, pero políticamente distintos: la integración territorial y la integridad territorial. Mientras que la primera hace referencia a la articulación funcional, económica y política de los territorios europeos a través de políticas comunes y mecanismos de cooperación, la segunda alude a la preservación del espacio europeo como un territorio continuo, estable y gobernable. Esta distinción, a menudo difuminada en el discurso institucional, adquiere plena relevancia analítica en el caso del Espacio Schengen, donde ambas dimensiones entran en tensión de forma recurrente.

En su 40 aniversario, Schengen sigue representando uno de los pilares más visibles, tangibles y valorados de la integración europea. La supresión de los controles fronterizos internos transformó profundamente la geografía política del continente, consolidando la libertad de circulación como un derecho fundamental y permitiendo la emergencia de regiones funcionales transfronterizas y mercados laborales integrados. Para millones de ciudadanos europeos, Schengen no es únicamente un régimen jurídico, sino una experiencia cotidiana que materializa la idea de una Europa compartida más allá de las fronteras estatales.

No obstante, esta "Europa conseguida" revela una fragilidad estructural que se hace patente en contextos de crisis. La crisis migratoria de 2015 y la crisis sanitaria de 2020 activaron reflejos defensivos por parte de los Estados miembros, que recurrieron a la reintroducción de controles fronterizos internos como respuesta inmediata a amenazas percibidas a la seguridad nacional. Estas decisiones evidenciaron que, ante situaciones excepcionales, los Gobiernos priorizan la integridad territorial del Estado sobre la integridad territorial de la Unión, aun a costa de suspender uno de los principios fundacionales del proyecto europeo.

Este fenómeno, ampliamente descrito en la literatura como *re-bordering*, pone de manifiesto una de las paradojas centrales de la integración europea: la libre circulación se presenta como un derecho estructural, pero su vigencia efectiva depende en última instancia de la voluntad soberana de los Estados miembros. Lejos de constituir una anomalía puntual, la reintroducción recurrente de controles fronterizos internos tiende a normalizarse, debilitando el carácter excepcional de estas medidas y erosionando progresivamente la confianza mutua que sustenta el Espacio Schengen.

Las consecuencias territoriales de este proceso han sido especialmente visibles en las regiones transfronterizas, tradicionalmente presentadas como laboratorios de integración. Durante la pandemia de COVID-19, el cierre de la frontera en el río Miño interrumpió la vida cotidiana de trabajadores, estudiantes y familias en la Eurcidade Cerveira-Tomiño, evidenciando hasta qué punto la integración territorial construida a lo largo de décadas puede verse suspendida por decisiones unilaterales adoptadas en contextos de emergencia. Estos episodios revelan que la integración territorial europea sigue careciendo de garantías institucionales suficientes frente a la lógica estatal de excepción.

Desde una perspectiva crítica, diversos autores advierten de que la normalización de estos controles internos no solo debilita el funcionamiento de Schengen, sino que cuestiona el propio imaginario político de la integración europea. Al asociar seguridad con cierre de fronteras, se refuerzan narrativas que presentan la apertura territorial como una amenaza y no como un valor compartido. Este desplazamiento discursivo alimenta posiciones euroescépticas y pone en riesgo la legitimidad del proyecto europeo como espacio de libertad, seguridad y justicia.

En este sentido, el dilema de Schengen no constituye únicamente un problema técnico o coyuntural, sino un límite estructural de la Europa territorialmente integrada. La tensión entre integración e integridad revela que la construcción de un territorio europeo compartido sigue siendo contingente, reversible y políticamente disputada. Schengen aparece así no solo como uno de los mayores logros de la Unión, sino también como el espejo en el que se reflejan con mayor nitidez las contradicciones no resueltas del proyecto europeo.

6. LA EUROPA QUE SE DESEA (2021-2027): HACIA UNA COHESIÓN VERDE E INTELIGENTE

La política de cohesión para el periodo 2021-2027 se inscribe en un contexto radicalmente distinto al que dio origen a esta política a finales de los años ochenta. Si entonces el objetivo principal era compensar los efectos territoriales del mercado interior y de las ampliaciones, hoy la cohesión territorial se enfrenta a un escenario marcado por transiciones simultáneas, ecológica, digital, demográfica y geopolítica, que reconfiguran profundamente el significado mismo del territorio europeo (European Commission, 2021).

En este nuevo marco, la cohesión territorial deja de ser únicamente una política de corrección de desigualdades para convertirse en un instrumento de transformación estructural de los territorios. La programación de los fondos FEDER refleja esta mutación conceptual al articularse en torno a objetivos políticos que priorizan una Europa más verde, más inteligente, más conectada y más cercana a la ciudadanía. El territorio ya no es solo el espacio donde se aplican las políticas europeas, sino el lugar desde el cual se producen y gestionan las transiciones (Faludi, 2022).

Uno de los elementos más innovadores de este periodo es la centralidad otorgada a la resiliencia territorial. Frente a una concepción estática del desarrollo regional, la UE adopta una lógica adaptativa, orientada a fortalecer la capacidad de los territorios para anticipar, absorber y transformar los impactos de crisis sistémicas, como la pandemia de COVID-19 o los efectos territoriales del cambio climático (OECD, 2020). Esta aproximación reconoce explícitamente que no todos los territorios parten de las mismas condiciones ni disponen de las mismas capacidades institucionales, económicas o sociales. Sin embargo, esta reorientación también plantea interrogantes fundamentales sobre el futuro de la cohesión territorial. Diversos autores advierten del riesgo de que las nuevas prioridades, especialmente la digitalización y la transición verde, generen nuevas geografías de ganadores y perdedores, reproduciendo desigualdades bajo formas aparentemente innovadoras (Rodríguez-Pose, 2020). Las regiones con mayor capital humano, infraestructura y capacidad administrativa están mejor posicionadas para aprovechar los fondos europeos, mientras que los territorios más vulnerables pueden quedar atrapados en dinámicas de dependencia o exclusión.

En este sentido, la introducción de instrumentos como el Fondo de Transición Justa representa un intento explícito de abordar estas tensiones. Su objetivo es acompañar a los territorios más afectados por la descarbonización —particularmente regiones mineras o intensivas en carbono— evitando que la transición ecológica se convierta en una nueva fuente de fractura territorial (European Commission, 2020). No obstante, su eficacia dependerá en gran medida de la coordinación con las políticas nacionales y de la capacidad real de los actores locales para participar en el diseño y ejecución de las estrategias territoriales.

La "Europa que se desea", en este contexto, no es simplemente una Europa más cohesionada en términos estadísticos, sino una Europa capaz de reconocer la diversidad territorial como un activo político y no como un obstáculo a la integración. La cohesión territorial del siglo XXI se juega menos en la redistribución cuantitativa de recursos y más en la construcción de capacidades territoriales, en la inclusión efectiva de los actores locales y en la articulación de proyectos de futuro compartidos.

Así, el tránsito del territorio deseado al territorio compartido no se completa únicamente mediante normas o fondos, sino a través de una redefinición del contrato territorial europeo. Un contrato que asuma que la integración no puede imponerse de manera homogénea, sino que debe negociarse, adaptarse y reconstruirse continuamente desde los territorios. En última instancia, la cohesión territorial sigue siendo el espejo en el que se refleja la ambición política de la Unión Europea: la de convertirse no solo en un espacio económico integrado, sino en una comunidad de destinos territoriales compartidos.

7. CONCLUSIONES

La evolución de la integración territorial en la Unión Europea no responde a un destino predeterminado, sino a un proceso continuo de negociación entre centro y periferia, entre eficiencia económica y equidad territorial. Desde el territorio deseado de finales de los años ochenta, concebido como una aspiración política necesaria para legitimar el mercado único, hasta el territorio compartido e institucionalizado en los artículos 174 a 178 del TFUE, la construcción europea ha avanzado mediante equilibrios siempre provisionales. Estos avances se hacen visibles tanto en el marco jurídico como en la cooperación cotidiana que tiene lugar en las regiones transfronterizas y las eurociudades.

Aunque, las tensiones recurrentes en el Espacio Schengen recuerdan que la geografía política europea es, en última instancia, reversible. La reintroducción de controles fronterizos internos en contextos de crisis pone de manifiesto que la integridad del espacio europeo requiere una defensa constante frente a las dinámicas de renacionalización. La Europa deseada para el horizonte 2027 se enfrenta así al reto de reconciliar competitividad global y solidaridad local, garantizando que la transición verde y digital actúe como un mecanismo de cohesión territorial y no como un nuevo vector de fragmentación.

De esta manera, el territorio se ha convertido en la prueba decisiva de la integración europea. Allí donde la cohesión falla, resurgen las fronteras; allí donde la integración se debilita, la integridad del espacio común se ve comprometida. Mientras la Unión continúe tratando el territorio como un problema esencialmente técnico y no como un proyecto político compartido, sus logros seguirán siendo frágiles y contingentes. Defender el territorio europeo no implica únicamente redistribuir recursos, sino asumir que la integración solo se consolida cuando se vive, se gobierna y se protege en el espacio cotidiano de sus ciudadanos.

BIBLIOGRAFÍA

AGNEW, John (2005): *Hegemony: The New Shape of Global Power*, Filadelfia, Temple University Press.

BACHTLER, John y MCMASTER, Irene (2007): "EU cohesion policy and the role of the regions investigating the influence of Structural Funds in the new member states", *European Policies Research Centre*, University of Strathclyde.

BARCA, Fabrizio (2009): *An Agenda for a Reformed Cohesion Policy*, Bruselas, Comisión Europea.

BOLDRIN, Michele y CANOVA, Fabio (2001): "Inequality and convergence in Europe's regions", *Economic Policy*, 16(32), pp. 205-253.

BÖRZEL, Tanja A. y RISSE, Thomas (2018): "From the euro to the Schengen crises: European integration theories, politicization, and identity politics", *Journal of European Public Policy*, 25(1), pp. 83-108.

BRUNET, Roger (1989): "Les villes européennes: rapport pour la DATAR, Délégation à L'aménagement du Territoire et à L'action Régionale", París, La Documentation Française.

CAPPELLIN, Riccardo (2007): "The Territorial Dimension of the Knowledge Economy: Collective Learning, Spatial Changes, and Regional and Urban Policies", *American Behavioral Scientist*, 50(7), pp. 897-921.

Comisión Europea (2021): Reglamento (UE) 2021/1058 relativo al FEDER, Bruselas.

Faludi, Andreas (2010): *Cohesion, coherence, cooperation: European Spatial Planning Coming of Age?* Londres, Routledge.

Haas, Ernst (1958): *The Uniting of Europe*, Indiana, University of Notre Dame Press.

Hooghe, Liesbet y Marks, Gary (2001): *Multi-level Governance and European Integration*, Lanham, Rowman & Littlefield.

Mitrany, David (1943): *A Working Peace System*, Londres, Royal Institute of International Affairs.

OECD (2020): *Regional Outlook 2020*, París, OECD Publishing.

Perkmann, Markus (2003): "Cross-border regions in Europe", *European Urban and Regional Studies*, 10(2), pp. 153-171.

Pinder, David (1980): *Regional Economic Development Policy: Theory and Practice in the European Community*, Londres, Allen & Unwin.

Rodríguez-Pose, Andrés (2018): "The revenge of the places that don't matter (and what to do about it)", *Cambridge Journal of Regions, Economy and Society*, 11(1), pp. 189-209.

Unión Europea (2012): "Tratado de funcionamiento de la Unión Europea", Luxemburgo, Oficina de Publicaciones de la Unión Europea.

Walters, William (2002): "Mapping Schengenland: denaturalizing the border", *Environment and Planning D*, 20(5), pp. 561-580.

Ciudadanía europea: el derecho a residencia en la Unión Europea y su desarrollo en España

NATALIA VIEJO BAEZA*

Sumario: 1. El derecho a residencia como puente entre la España del pasado y la Europa del presente. 2. El marco jurídico europeo: los cimientos de una ciudadanía sin fronteras. 3. España en la Europa compartida: logros y tensiones de un modelo de movilidad bidireccional. 4. Hacia una Europa verdaderamente integrada. 5. Conclusiones: el sueño de una ciudadanía transnacional.

1. EL DERECHO A RESIDENCIA COMO PUENTE ENTRE LA ESPAÑA DEL PASADO Y LA EUROPA DEL PRESENTE

La ciudadanía europea, introducida formalmente con el tratado de Maastricht (1992), es uno de los logros más tangibles de la integración europea, ya que otorga a los individuos el derecho a la libre circulación y residencia en cualquier Estado miembro de la Unión Europea. Este derecho, recogido en el artículo 21 del Tratado de Funcionamiento de la Unión Europea (TFUE) y desarrollado en la Directiva 2004/38/CE, ha transformado la Unión Europea en un espacio donde los ciudadanos pueden vivir, trabajar y estudiar más allá de las fronteras de su país. Para

* Estudiante de Sociología y Relaciones Internacionales y colaboradora del CFEME.

España, este concepto ha tenido un gran impacto, especialmente tratándose de un país que, durante el franquismo, estuvo aislado de Europa.

Entre los beneficios de la ciudadanía europea está facilitar la libre circulación y, como estatus jurídico supranacional, garantiza el derecho a residir en cualquier Estado miembro de la Unión. No obstante, su aplicación práctica se enfrenta a algunos desafíos, entre los que destacan las barreras administrativas y las discrepancias entre las legislaciones nacionales. Este artículo analiza los avances logrados en la aplicación de este derecho, pero también examina algunos desafíos persistentes.

2. EL MARCO JURÍDICO EUROPEO: LOS CIMIENTOS DE UNA CIUDADANÍA SIN FRONTERAS

Acorde a la definición legal, recogida en el artículo 20 del TFUE, la ciudadanía europea se entiende como una cualidad de todas las personas que tengan la nacionalidad de un Estado miembro, sin perjuicio ni sustitución de la ciudadanía nacional. Como consecuencia de poseer la ciudadanía europea, el segundo apartado del artículo 20 especifica que "los ciudadanos de la Unión son titulares de derechos y están sujetos a los deberes establecidos en los Tratados".

La ciudadanía europea garantiza a los ciudadanos de la Unión una serie de derechos fundamentales, entre los que se incluye el derecho a "circular y residir libremente en el territorio de los Estados miembros". Esto queda ampliado en el artículo 21.1 del TFUE, que indica: "Todo ciudadano de la Unión tendrá derecho a circular y residir libremente en el territorio de los Estados miembros, con sujeción a las limitaciones y condiciones previstas en los Tratados y en las disposiciones adoptadas para su aplicación".

Asimismo, el artículo 45 de la Carta de Derechos Fundamentales de la Unión Europea (CDFUE) recoge:

> 1. Todo ciudadano de la Unión tiene derecho a circular y residir libremente en el territorio de los Estados miembros. 2. Podrá concederse libertad de circulación y de residencia, de conformidad con lo dispuesto en los Tratados, a los nacionales de terceros países que residan legalmente en el territorio de un Estado miembro.

Este mandato general requiere desarrollo normativo concreto para su aplicación práctica, y es aquí donde entra en juego la Directiva 2004/38/CE. Aprobada en abril de 2004 por el Consejo y el Parlamento Europeo, esta directiva garantiza que un ciudadano de la Unión pueda moverse y vivir en otro Estado miembro, beneficiando también a miembros de su familia (cónyuges, parejas registradas, hijos menores de 21 años o a cargo, padres a cargo), incluso si estos últimos no son nacionales de un Estado miembro de la UE.

Así pues, el tratado de Maastricht y la Directiva 2004/38/CE suponen la consagración del derecho a residencia como derecho fundamental y su alcance se sostiene en tres pilares fundamentales:

1. Facilitar la movilidad laboral y personal.
2. La protección de la unidad familiar.
3. La armonización de procedimientos, favoreciendo la previsibilidad.

En conjunto, el marco legal europeo proporciona seguridad jurídica a aquellos que poseen la ciudadanía europea y recoge su derecho a residir en los países comunitarios. Son símbolo de paz, progreso y cohesión.

Aunque la Constitución Española de 1978 no menciona explícitamente la ciudadanía europea, el artículo 13.2 establece que "solo los españoles serán titulares de los derechos reconocidos en el artículo 23 [derechos de participación política], salvo lo que, atendiendo a criterios de reciprocidad, pueda establecerse por tratado o ley para el derecho de sufragio activo y pasivo en las elecciones municipales". Este precepto permite adaptar el marco constitucional a todas las disposiciones europeas.

El Real Decreto 240/2007, de 16 de febrero, incorporó la Directiva 2004/38/CE al derecho español, regulando la entrada, libre circulación y residencia en España de ciudadanos de los Estados miembros de la UE y de otros Estados parte en el Acuerdo sobre el Espacio Económico Europeo.

Además, existen otras normas que complementan la transposición de los principios europeos a España. Por ejemplo, la Ley Orgánica 4/2000, de 11 de enero, sobre derechos y libertades de los extranjeros en España y su integración social; ha sido modificada varias veces en los años posteriores. Aunque se centra en los nacionales de terceros países, garantiza que los familiares no comunitarios de ciudadanos de la UE puedan acceder a derechos básicos como la educación, sanidad y trabajo, en línea con la Directiva 2004/38/CE. Más recientemente, entró en vigor el Real Decreto 1155/2024, de 19 de noviembre, el nuevo reglamento de extranjería que flexibiliza los permisos de trabajo y de residencia.

La aplicación de estos principios también se ve reforzada por la jurisprudencia del Tribunal de Justicia de la Unión Europea (TJUE) y las resoluciones de los tribunales españoles. La sentencia del TJUE en el caso Metock (C-127/08) dictaminó que los Estados miembros no pueden imponer requisitos adicionales a los establecidos en la Directiva 2004/38/CE para el ejercicio del derecho a residencia. En España, los tribunales han aplicado esta doctrina para garantizar el derecho de residencia a familiares no comunitarios.

3. ESPAÑA EN LA EUROPA COMPARTIDA: LOGROS Y TENSIONES DE UN MODELO DE MOVILIDAD BIDIRECCIONAL

Durante las últimas décadas, España ha vivido una transformación importante: de ser un país de emigración en el siglo XX a convertirse en uno de los destinos preferentes de la migración intracomunitaria (Carrascosa y Contreras, 2022: 6). Este cambio es posible gracias al marco normativo europeo sobre el derecho a residencia y libre circulación, que garantiza a los ciudadanos europeos el derecho a residir, trabajar y establecerse en cualquier Estado miembro.

Según datos del Instituto Nacional de Estadística (2025), más de 1,7 millones de ciudadanos europeos residen actualmente en España, una cifra que supera el 3,5% de la población total, y que contrasta con la realidad de mediados del siglo XX, cuando España era un país de origen masivo de migrantes hacia Europa occidental. En paralelo, Eurostat (2025) registra que 42.374 españoles son residentes habituales en otros Estados miembros, lo que evidencia una movilidad bidireccional que ha reconfigurado el mercado laboral y la estructura social del país. Este fenómeno demuestra cómo el derecho a residencia permite la movilidad individual, al tiempo que fortalece los lazos económicos y culturales entre los Estados miembros.

Este flujo de migración ha hecho de España un lugar donde conviven dinámicas de acogida con implicaciones profundas para su modelo económico y su cohesión social. Como señala Zapata-Barrero (2023), el reto es equilibrar los beneficios de la movilidad intracomunitaria con medidas que garanticen la cohesión social y eviten la polarización entre nativos y migrantes, en un contexto marcado por el auge del populismo.

La aplicación del derecho a residencia en la Unión Europea, aunque ha facilitado la llegada de millones de ciudadanos europeos a España (INE, 2025), enfrenta desafíos estructurales que limitan su efectividad y generan desigualdades entre los Estados miembros. Estas asimetrías, derivadas tanto de la transposición desigual de la Directiva 2004/38/CE como de las políticas nacionales, se manifiestan en tres ámbitos críticos: las barreras administrativas y burocráticas, el reconocimiento de cualificaciones profesionales, y el acceso desigual a los derechos sociales.

El informe solicitado por el Parlamento Europeo al Servicio Europeo de Acción Ciudadana (ECAS, por sus siglas en inglés) sobre la aplicación de la Directiva 2004/38/CE (2009) comenta varios puntos positivos acerca de su implementación en España, a destacar que la transposición se haga mediante una sola medida, evitando la dispersión de su contenido en múltiples normas, como sí sucedió en Bélgica o Hungría. Además, valora positivamente la adopción de una "política liberal en lo que se refiere al derecho a residencia, yendo más allá de lo que requiere la Directiva" (ECAS, 2009: 198), al no requerir que el ciudadano europeo participe en alguna actividad económica para residir en el país, sin límite de tiempo.

A pesar de ello, el Servicio Europeo de Acción Ciudadana no se muestra conforme con algunas prácticas, en especial la sustitución de la emisión de tarjetas de residencia por certificados de registro (ECAS, 2009: 19) y la solicitud de requisitos adicionales a la posesión de un certificado de registro (ECAS, 2009: 305).

Cabe destacar que España ha avanzado significativamente en la integración de ciudadanos europeos, pero su enfoque hacia los migrantes extracomunitarios contrasta con este modelo. Mientras que los primeros disfrutan de derechos plenos amparados por la Unión Europea, los segundos enfrentan barreras legales y sociales, a menos que estén emparentados con un ciudadano de la UE, lo que genera una jerarquía de derechos dentro del mismo territorio. Esta dualidad plantea preguntas éticas sobre la coherencia de las políticas migratorias.

4. HACIA UNA EUROPA VERDADERAMENTE INTEGRADA

El derecho a residencia en la Unión Europea se sustenta en un equilibrio frágil entre dos visiones opuestas: el supranacionalismo, que aboga por una aplicación uniforme y centralizada de las normas comunitarias, y el intergubernamentalismo, que prioriza la soberanía de los Estados miembros en la gestión de la movilidad.

Esta dualidad ha generado asimetrías en la implementación de la Directiva 2004/38/CE. La solución a esta tensión requiere un refuerzo del marco supranacional sin ignorar las realidades nacionales. El TJUE ha sido clave en este sentido, con sentencias como la del caso Metock (2008), que prohibió a los Estados miembros imponer condiciones más estrictas que las establecidas en la Directiva. Con todo, persisten resistencias políticas, especialmente en países donde el auge del populismo ha convertido la migración en un tema de debate.

Para avanzar, la UE debería promover mecanismos de supervisión más estrictos, como auditorías periódicas a los Estados miembros, y fomentar acuerdos intergubernamentales que armonicen las políticas nacionales.

La fragmentación administrativa es uno de los mayores obstáculos para el ejercicio efectivo del derecho a residencia. Aunque la Directiva 2004/28/CE establece un marco común, su transposición en los Estados miembros ha generado procedimientos dispares. Joaquín Sarrión Esteve, doctorado en derecho de la Unión Europea y con una amplia formación y experiencia investigadora en derechos fundamentales e integración europea, hace la siguiente reflexión: "En realidad, la libre circulación —en un sentido autónomo— no es objeto de restricción en la normativa de desarrollo, sino que únicamente es el ejercicio de la libertad de residencia lo que es objeto de limitaciones" (Esteve, 2024: 194).

En consecuencia, se deben plantear propuestas que tengan en consideración este marco analítico. La creación de un pasaporte europeo de residencia es un planteamiento que reduciría la burocracia —tanto para el Estado como para el ciudadano—: un sistema digital unificado que permita a los ciudadanos registrar su estatus residencial en cualquier Estado miembro. Este modelo, inspirado en iniciativas como el certificado COVID digital en la UE, podría integrarse con plataformas nacionales como el sistema de identidad electrónica española (Cl@ve), garantizando seguridad jurídica y agilidad.

En esta línea, una propuesta más ambiciosa incluye desarrollar una ventanilla única europea, donde los ciudadanos puedan gestionar todos sus trámites (residencia, seguridad social, empleo) desde una sola plataforma, evitando la duplicación de procesos y reduciendo la carga administrativa para las autoridades nacionales. No obstante, la dificultad de implementar esta idea es notoria en el momento en el que se considera la adaptación e integración de sistemas jurídicos preexistentes (y diferentes entre sí), así como la voluntad política de los Estados miembros a ceder soberanía en áreas sensibles como la política migratoria o la seguridad social.

5. CONCLUSIONES: EL SUEÑO DE UNA CIUDADANÍA TRANSNACIONAL

La ciudadanía europea ha dejado de ser un concepto abstracto para ser una realidad cotidiana de millones de europeos. En particular, el derecho a residencia en la Unión Europea ha hecho de España un país de movilidad intracomunitaria, donde coexisten avances jurídicos con desafíos persistentes. Este marco, aunque garantiza la libre circulación, presenta tensiones entre el supranacionalismo (que busca uniformidad) y el intergubernamentalismo (que prioriza la soberanía nacional de cada Estado miembro).

La ciudadanía europea no debe reducirse a un conjunto de derechos formales, sino que debe convertirse en una herramienta para millones de personas. Esto implica consolidar la Unión Europea como un espacio de oportunidades reales, donde la movilidad no solo sea posible, sino también enriquecedora. Por fortuna, aunque la realidad actual es compleja, está en evolución. Lograr una ciudadanía europea efectiva requiere superar los obstáculos tradicionales con soluciones innovadoras, de la mano de un compromiso político que priorice la integración europea. Solo de esta manera la Unión Europea podrá convertir el derecho a residencia en un legado que supere las fronteras actuales. Tanto para las generaciones actuales, como para las futuras.

BIBLIOGRAFÍA

Boletín Oficial del Estado (1978): "Constitución española", https://n9.cl/5qga.

— (2000): Ley Orgánica 4/2000, de 11 de enero, sobre derechos y libertades de los extranjeros en España y su integración social. Boletín Oficial del Estado (10), pp. 1139-1150, https://n9.cl/i3piq.

— (2024): Real Decreto 1155/2024, de 19 de noviembre, por el que se aprueba el Reglamento de la Ley Orgánica 4/2000, de 11 de enero, sobre derechos y libertades de los extranjeros en España y su integración social, https://n9.cl/v7f1at.

Carrascosa Bermejo, Daniel y Contreras Hernández, Óscar (2022): "Desplazamiento intracomunitario de trabajadores desde y hacia España. Hechos y cifras", *Noticias CIELO*, 5.

Esteve, José Santiago (2024): "Nuevas reflexiones sobre la libre circulación de personas y el derecho de residencia como derechos fundamentales en la UE. Un estudio de su origen, titularidad, ámbito de aplicación y la más reciente jurisprudencia", *Asamblea. Revista parlamentaria de la Asamblea de Madrid*, (46), pp. 175-202.

Eurostat (2025): "EU and EFTA citizens who are usual residents in another EU/EFTA country as of 1 January", https://n9.cl/89b2nt.

Instituto Nacional de Estadística (2025): "Población residente por fecha, sexo, grupo de edad y nacionalidad", https://n9.cl/8v3ol.

Ministerio de la Presidencia (2007): Real Decreto 240/2007, de 16 de febrero, sobre entrada, libre circulación y residencia en España de ciudadanos de los Estados miembros de la Unión Europea y de otros Estados parte en el Acuerdo sobre el Espacio Económico Europeo, https://n9.cl/6014f.

Parlamento Europeo y Consejo de la Unión Europea (2004): Directiva 2004/38/CE del Parlamento Europeo y del Consejo, de 29 de abril de 2004, relativa al derecho de los ciudadanos de la Unión y de los miembros de sus familias a circular y residir libremente en el territorio de los Estados miembros, *Diario Oficial*, L, 158.

Parlamento Europeo, Consejo de la Unión Europea y Comisión Europea (2012): Carta de los Derechos Fundamentales de la Unión Europea, 26 de octubre, https://n9.cl/y5g2y4.

Servicio Europeo de Acción Ciudadana (ECAS) (2009): "Estudio comparativo sobre la aplicación de la Directiva 2004/38/CE del 29 de abril de 2004 sobre el derecho de los ciudadanos de la Unión y los miembros de sus familias a circular y residir libremente en el territorio de los Estados miembros", Departamento de Política: Derechos de los Ciudadanos y Asuntos Constitucionales, Dirección General de Políticas Interna, Parlamento Europeo, https://n9.cl/sot5t7.

Tribunal de Justicia de la Unión Europea (2008): Sentencia del Tribunal de Justicia (Gran Sala) de 25 de julio de 2008, https://n9.cl/o9no34.

Unión Europea (2012): Tratado de Funcionamiento de la Unión Europea, *Diario Oficial de la Unión Europea*, C 326, pp. 1-390, https://n9.cl/b6qfup.

Zapata-Barrero, Ricard (2023): *Immigration and the Welfare State in Europe*, Cheltenham, Edward Elgar Publishing.

Sobre los autores y las autoras

D. Francisco Aldecoa Luzarraga (coeditor)
Catedrático emérito de Relaciones Internacionales y doctor en Ciencias Políticas por la Universidad Complutense de Madrid, se ha centrado en el estudio de las relaciones internacionales y de la integración europea. Además, también destaca por su análisis de la política exterior, la cooperación internacional, las transformaciones de la diplomacia y los procesos de integración. Desde 1994, es titular de la Cátedra Jean Monnet de la Comisión Europea sobre el Modelo Político Europeo y su Dimensión Exterior. Discípulo del profesor Antonio Truyol y Serra, es uno de los académicos españoles de referencia en el estudio del proceso de construcción de la Unión Europea. Su aproximación al proceso de integración europea, tanto en su faceta científica como en su esfuerzo divulgador, se caracteriza por su inspiración federalista, atendiendo a las implicaciones de la Unión Europea sobre el conjunto de la sociedad internacional. Fue vicerrector y rector en funciones de la Universidad del País Vasco, decano de la Facultad de Ciencias Políticas y Sociología de la Universidad Complutense (2002-2010), presidente de la Asociación Española de Profesores de Derecho Internacional y Relaciones Internacionales (AEPDIRI) y presidente internacional del Instituto de Estudios para la Paz y la Cooperación (IEPC). Durante su mandato como decano, se establecieron los

actuales grados y másteres adaptados al Espacio Europeo de Educación Superior. Doctor *honoris causa* por la Universidad Nacional de Estudios Políticos y Administrativos de Bucarest. Es presidente del Consejo Federal Español del Movimiento Europeo desde julio de 2018, y miembro del *board* del Movimiento Europeo Internacional desde noviembre de 2020.

Enrique Barón Crespo

Economista, abogado y ensayista. Licenciado en Derecho por la Universidad Complutense de Madrid, en Administración de Empresas por ICADE y por la Escuela Superior de Ciencias Económicas y Empresariales de París (ESSEC), ha sido profesor de Estructura Económica en la universidad de Madrid desde 1966 a 1970 y profesor asociado de Economía en ICADE (Universidad de Comillas) entre 1965 y 1972. Ejerció de abogado en materia de derechos humanos ante la justicia de la dictadura franquista entre 1970 y 1977. Perteneció a Convergencia Socialista de Madrid y fue uno de los líderes de la Federación de Partidos Socialistas en el comienzo de la transición. Pasó al Partido Socialista Obrero Español tras la disolución de Convergencia Socialista en la primavera de 1977. Ese año fue elegido diputado en la Legislatura Constituyente por la Circunscripción electoral de Madrid, desempeñando el cargo de portavoz económico y presupuestario del Grupo Socialista del Congreso entre 1977 y 1982. Fue designado Ministro de Transporte, Turismo y Comunicaciones durante el primer Gobierno de Felipe González, desde 1982 a 1985, y puso en marcha los primeros programas de modernización de la red ferroviaria española. Fue elegido diputado del Parlamento Europeo en el año 1986 y fue reelegido hasta 2009, cuando decidió dejar la política institucional. En él ha desempeñado las funciones de vicepresidente (1987-1989), presidente (1989-1992), presidente de la Comisión de Asuntos Exteriores (1992-1995), presidente del Grupo Socialista (1999-2004) y presidente de la Comisión de Comercio Internacional (2004-2006). Hoy preside la International Yehudi Menuhin Foundation y la European Foundation for Information Society.

Jennifer Brown Moreno

Se encuentra en su último año del Grado en Estudios Internacionales en la Universidad Autónoma de Madrid. Su estancia de intercambio en Washington D. C. durante el pasado año académico le despertó una ávida curiosidad por los asuntos europeos y transatlánticos, lo que la ha llevado a unirse a organizaciones juveniles de investigación como Onero Institute, que fomentan el intercambio de ideas con individuos que comparten intereses afines. Estas experiencias, junto con su participación en el Consejo Federal Español del Movimiento Europeo (CFEME), hacen que se encuentre en un ambiente de aprendizaje constante sobre la Unión Europea, una situación que queda respaldada por las tareas que desempeña como colaboradora a cargo de la coordinación del boletín.

Cristina Cramer Vidorreta

Está cursando actualmente el Máster en Relaciones Internacionales: Gobernanza Global y Estudios Regionales, con un marcado interés en la geopolítica y la seguridad internacional. Graduada en Geografía y la Ordenación del Territorio, actualmente es colaboradora en el Consejo Federal Español del Movimiento Europeo, donde se enfoca en las relaciones institucionales y el seguimiento de asuntos de la UE. Cuenta con una doble nacionalidad española y alemana y domina varios idiomas, siendo nativa en español, inglés y alemán. Realizó un trabajo de fin de grado sobre el impacto de las redes sociales en el *soft power* y la diplomacia digital, es especialista en relaciones internacionales y seguridad y participa en diversas actividades de las ONG sobre asuntos europeos.

Álvaro Gil-Robles y Gil-Delgado

Licenciado en Derecho por la UCM, Álvaro Gil-Robles y Gil-Delgado es un jurista y defensor de los derechos humanos español. Fue defensor del pueblo en España de 1988 a 1993 y comisario de Derechos Humanos del Consejo de Europa de 1999 a 2006, donde promovió la protección de los derechos fundamentales en el continente. En 1981 redactó el proyecto de ley que regula las competencias del defensor del pueblo, cargo del que fue primer adjunto entre 1983 y 1985. Es, hoy en día, presidente de la Fundación Valores Democráticos.

Guillermo Hergueta Sálomon
Está finalizando el Grado en Relaciones Internacionales en la Universidad de Nebrija y tiene también el grado superior de Audiovisuales. Nacido en Bruselas, ha tenido la oportunidad de residir y visitar numerosos países. Es colaborador del CFEME desde 2019, y ha emprendido numerosos viajes como a Rota, Bruselas, Ciudad de Luxemburgo, París, Ventotene, Roma y Budapest, entre otros, y ha participado en varias publicaciones también del Movimiento Europeo, como *El futuro de la relación entre la Unión Europea y América Latina y el Caribe* (Madrid, Catarata) y *La respuesta de la Unión Europea a la agresión rusa a Ucrania. El despertar de la política exterior y de defensa y de la reforma de los tratados* (Madrid, Catarata).

César Morujo Marugán (coeditor)
Está finalizando el Doble Grado en Sociología y Relaciones Internacionales, completado con el título propio de Experto en Desarrollo en la Universidad Complutense de Madrid. Cursó un cuatrimestre en la Universidad Autónoma de Barcelona, beneficiándose del programa SICUE. Asimismo, estudió Bachibac y desde entonces muestra un genuino interés en el estudio de diferentes lenguas, especialmente el inglés, el francés y el catalán. Actualmente, forma parte del equipo de colaboradores del Consejo Federal Español del Movimiento Europeo. Demuestra un especial interés en la cooperación al desarrollo y la investigación social, además de reivindicar luchas fundamentales como el feminismo o los derechos LGBTIQ+.

Samuel Rojo Bárcena
Es estudiante de último curso del Doble Grado en Relaciones Internacionales y Economía en la Universidad Complutense

de Madrid, con especialidad en Economía Mundial. Practica el debate como disciplina competitiva y participa activamente en simulaciones universitarias, como Modelos de la Unión Europea (MEU) y Modelos de Naciones Unidas (MUN). Muestra un interés genuino por los asuntos europeos, especialmente en las áreas de seguridad y defensa, campos que orientan sus trabajos de fin de grado. Actualmente, colabora activamente con el Consejo Federal Español del Movimiento Europeo, donde ha ejercido la labor de secretario.

Marian Rueda Cayón

Nació en 1962, es madre de tres hijos y licenciada en Educación Física por la Facultad de Ciencias de la Actividad Física y del Deporte (INEF) de la Universidad Politécnica de Madrid. Es catedrática de Educación Secundaria y profesora asociada en la Universidad Autónoma de Madrid y en la Universidad de Valladolid. Posee un máster en Alto Rendimiento Deportivo (UAM-COE). Fue directora del Instituto de Educación Secundaria La Albuera, de Segovia, en el que impartió clases de educación física desde 1985. Además, fue concejala delegada de Deportes del Ayuntamiento de Segovia entre 2015 y 2023. Marian Rueda ha sido jugadora de élite de voleibol hasta el punto de que fue internacional con la selección española absoluta y también en las categorías inferiores del combinado nacional. Ha sido entrenadora de este deporte y formadora de técnicos deportivos. Lleva desde junio de 2023 ejerciendo de subdelegada del Gobierno en Segovia.

Natalia Viejo Baeza

Es estudiante de último año del Doble Grado en Relaciones Internacionales y Sociología en la Universidad Complutense de Madrid, formación que le ha permitido desarrollar una perspectiva interdisciplinar en el análisis de fenómenos sociales y políticos. Su interés por el desarrollo y la cooperación internacional la lleva también a especializarse mediante el título propio de Experto en Desarrollo (Universidad Complutense).

Se complementa con su experiencia internacional de un año en la Universidad de Varsovia gracias a una beca Erasmus. Actualmente, colabora con el Consejo Federal Español del Movimiento Europeo (CFEME), reforzando su compromiso con la integración europea y el diálogo político.

TÍTULOS PUBLICADOS EN LA COLECCIÓN LA EUROPA A LA QUE VAMOS

1. La Unión Europea y la pandemia mundial
2. El Movimiento Europeo
3. La Conferencia sobre el Futuro de Europa en Marcha
4. El papel internacional de la Unión Europea
5. El Contubernio de Múnich sesenta años después
6. El impulso de la Agenda Digital y Tecnológica en la Conferencia sobre el Futuro de Europa
7. Una Unión Europea necesitada de reforma
8. La Unión Europea frente a la agresión a Ucrania
9. Presidencia española del Consejo de la Unión Europea 2023
10. El Congreso de Europa (La Haya, 1948)
11. De origen migrante
12. El futuro de la relación entre la Unión Europea y América Latina y el Caribe
13. Contributions from the Spanish European Movement in the incorporation of Spain in the EU and on federal advances in the European Political Cycle 2014-2023
14. La respuesta de la Unión Europea a la agresión rusa a Ucrania
15. 75 años del Consejo Federal Español del Movimiento Europeo. París, febrero de 1949
16. Eugenio Nasarre: un compromiso decidido por el proyecto europeo
17. Las singladuras pendientes entre América Latina y Europa
18. Las claves de la profundización y ampliación de la Unión Europea tras la agresión rusa a Ucrania
19. La oportunidad de Europa frente a Trump
20. La aportación de España en la Unión Europea
21. España en la Unión Europea
22. La dificultad del alto el fuego en Ucrania
23. La alianza estratégica de Europa y América Latina en un nuevo escenario global